中文研究论集

（2019）

郭万青　主编

山东大学出版社

《中文研究论集(2019)》编委会

目录

礼学研究

文献考释

语言研究

文学研究

研学札记

礼学研究

贾公彦《仪礼》《周礼》本末始终说考述

杜明德　叶璟颐[*]

摘　要:《仪礼疏》五十卷,唐高宗时期国子博士贾公彦撰。贾公彦传世有《仪礼疏》及《周礼疏》,此"二《礼疏》"非朝廷所敕撰,且贞观年间孔颖达等鸿儒已奉敕编纂《五经正义》,贾公彦为不列入官订《五经》中的《周礼》《仪礼》撰疏,凸显了贾公彦在礼学上的专业地位。贾公彦在《仪礼疏·序》中言:"《周礼》《仪礼》,发源是一,理有终始,分为二部,并是周公摄政太平之书。《周礼》为末,《仪礼》为本,本虽难明,末便易晓。"但贾公彦并未对《仪礼》《周礼》的本末始终说多作诠解,前贤虽已略有言之,唯似乎仍略有未发。本文希望透过"二《礼》"内容之分析及贾氏学术立场之探讨,考述其说。

关键词:贾公彦;《仪礼疏》;《周礼疏》

一、前　言

《说文·礼》:"礼,履也。所以事神致福也。"说明礼的起源与祭祀神祇相关。《礼记·表记》谈到夏、商、周三代文化思想异同时则说殷人的特点是:"殷人尊神,率民以事神,先鬼而后礼,先罚而后赏,尊而不亲。"[①]说明殷商文化即是"尊神"文化。若从卜辞来看,殷人尊神,所尊的神包罗万象:有属天神的上帝、风、云、雨、雪等;有属地祇的社、四方、山、岳、河、川等。显而易见,这是原始宗教自然崇拜的延续。而卜辞中有"帝其令夕雨""帝其降馑"等,帝既能"令",又能"降",表示天神与地祇都归上帝统管,帝是大自然

---

* 作者简介:杜明德,中国台湾高雄师范大学国文学系副教授,主要从事荀子研究、礼学研究、四书学研究。叶璟颐,中国台湾高雄师范大学国文学系博士生。

① 周德清:《先秦儒家人格美思想研究》,西安交通大学出版社 2017 年版,第 99 页。

的主宰。古代人们的生存有赖于大自然，大自然同时又是人类生存的敌人。对于大自然所带来的灾害如洪水、雷电、干旱等天灾，以及瘟疫甚至猛兽，人类既束手无策，也无可奈何，对于大自然的现象与力量的了解既蒙昧也无法控制。因此，对于"上帝"，人类是畏惧的。由于畏，所以敬。事神从敬畏大自然而来。从敬畏"上帝"而产生事神的"礼"，有礼就有仪式，则行礼如仪；再将各种事神的仪式制度化，最后成为祭天的标准作业流程。

若从另一个角度来探讨，即以"三纲五常"人伦的关系类比，敬上位者，亦有各个阶级需要的事君事上之礼仪，在上位者对下属亦然，最后形成政治制度。在宗法社会，政治关系就是依附在同姓同宗的家族群体之上，受着"亲亲""尊尊"的宗法关系的制约，若混淆血缘关系上的远近，所犯的错误恐怕会上升到政治高度。礼为核心，制度为边界，但不论是从事神还是从事君来看，礼都是源于个人的敬畏，最终透过各项仪式、制度而获得确定。

曹胜高《上古礼学的内在层级与逻辑结构》提到有关礼的起源，因时代的不同所产生的见解也各有不同，他将礼的起源分为源于民俗、综合天道及人情、出于教化以及源于禁乱等四点。[①] 李文娟《〈仪礼〉伦理思想研究》亦说到中国古代的礼乐文化与制度，其中有一部分是袭部落文明而来；另一部分为创新成分，乃是为了支撑一个大型政权体系的存在的创制意图，如为维持政权运转之祭神纳贡、使下属国来祭及来贡德制军与征伐、实施更高集权化的阶级制度等。[②] 一个礼制的社会能提供稳定性，礼曾是维系整个宗法社会的纽带，是对社会关系的规定，因为有礼制才能让每个人接受繁文缛节的约束，秩序上各安其位。而人与人之间的交往，在不同的社会阶层、身份地位、社会关系中的不同的规范与准则，都记载于《仪礼》中；《仪礼》虽无明确的成书年代，然而它所表征的，即是为"人生秩序"提供完整的规范与体系，使个人合乎礼仪规范，社会迈向礼仪之邦；宗法制度则为《周礼》的核心，主要是包括国家的政治制度结构形式及官职运作等内容，可以视作"秩序"的扩展。就此而言，《仪礼》与《周礼》的内容当有一定联系。

孔颖达在《礼记正义序》中言："《礼记·明堂位》云周公摄政六年，制礼作乐，颁度量于天下。但所制之礼，则《周官》《仪礼》也。"贾公彦在《序周礼废兴》中则言："郑玄遍览群经，知《周礼》者乃周公致大平之迹，故能答临硕

---

① 参见曹胜高：《上古礼学的内在层级与逻辑结构》(上)，《河南科技大学学报》2011年第4期。

② 参见李文娟：《〈仪礼〉伦理思想研究》，中央民族大学硕士学位论文，2006年。

之论难，使《周礼》义得条通。”[①]可见贾公彦与郑玄、孔颖达等儒者相同，都认为《仪礼》《周礼》为周公摄政时所作。“似乎在唐人眼里，认为二《礼》俱出自周公之手无疑。”[②]但孔颖达在《礼记正义序》中曾言：“郑作序云：‘礼者，体也，履也。统之于心曰体，践而行之曰履。’……礼虽合训体、履，则《周官》为体，《仪礼》为履。……是《周礼》、《仪礼》有体、履之别也。所以《周礼》为体者，《周礼》是立治之本，统之心体，以齐正于物，故为礼。……其《仪礼》但明体之所行践履之事，物虽万体，皆同一履，履无两义也。……《周礼》为本，则圣人体之；《仪礼》为末，贤人履之。故郑序云‘体之谓圣，履之为贤’是也。”孔氏混同了郑玄所提出的“体”“履”之别，而将《周礼》为“体”、《仪礼》为“履”，再以“体”为“本”、“履”为末，而导出“《周礼》为本，《仪礼》为末”之说。且因为“体之为圣，履之为贤”，则《周礼》《仪礼》价值地位之高下亦似有辨。再进一步细绎孔氏之说，不难发现其说深受郑玄以《周礼》为三《礼》之首的影响。郑玄在《礼记·礼器》“经礼三百，曲礼三千”下注曰：“经礼谓《周礼》也，《周礼》六篇，其官有三百六十。曲犹事也，事礼谓今《礼》也，礼篇多亡，本数未闻，其中事仪三千。”王静芝言：“实则《礼器》一篇，根本不涉及《周礼》，而郑玄故为附会，以合其三《礼》以《周礼》为首的安排。这一说法，是郑玄有意的，并非郑玄的错误。但后世受此影响，信以为真，以为《周礼》是记政治制度的，应当居前，应当是正经。……郑玄之说实在是专为自己尊周礼而设的，不足信。”[③]杨天宇则言：“郑玄不仅杂糅今古文经学以注三礼，且欲调和今古文的对立，消除其矛盾，以沟通其说。此盖其所谓‘思整百加之不齐’的一个重要方法。郑玄的调和法，说来也很简单，就是以周礼为周制，凡不与周礼合者，便以殷制或夏制解之。……然而，郑玄这种调和之说，纯属臆说。”[④]华喆在分析敦煌吐鲁番出土之唐写本郑玄《论语注》时，认为郑玄注《论语》也尊用《周礼》，其言曰：“郑玄将《周礼》奉为礼学圭臬。依据《周礼》确定周礼，成为其礼学核心，也是他注经时主要的文献依据。《论语》郑注中多次依据《周礼》设解，其中既有明引，也有暗用。……郑玄尊用《周礼》，一方面体现在对同一经文存在有多种不同解释可能情况下，郑玄只以《周礼》的解释为准；另一方面又体现在，郑玄最重视的仍是《周礼》在《论语》中的反映，在解释时甚至有可能会离开《论语》本身的语义。……欲了解郑玄经学

① (清)阮元：《十三经注疏·周礼》，台湾艺文印书馆2001年版，第9页。

② 李洛旻：《贾公彦〈仪礼疏〉研究》，(台北)万卷楼2017年版，第280页。

③ 王静芝：《经学通论》，(台北)环球书局1992年版，第5～6页。

④ 杨天宇：《郑玄三礼注研究》，中国社会科学出版社2008年版，第163～165页。

思想体系的构成，必须对《周礼》及《周礼》郑注有比较充分的认识。”[①]有了这样的“认识”，孔颖达在论述《周礼》及《仪礼》时，以《周礼》为体、为本，而以《仪礼》为履、为末，也就不足为奇了。

贾公彦在《仪礼疏·序》中则言：

> 《周礼》《仪礼》，发源是一，理有终始，分为二部，并是周公摄政太平之书。《周礼》为末，《仪礼》为本，本虽难明，末便易晓。是以《周礼》注者，则有多门；《仪礼》所注，后郑而已。

贾公彦所提出的“《周礼》为末，《仪礼》为本”说，与孔颖达之说正好相反。但贾氏此说之重点似乎是为了说明《仪礼》难明，故作注者少；《周礼》易晓，故作注者多，从而证明自己为《仪礼》作疏的必要性，并未对《仪礼》《周礼》的本末始终说多作诠解。不过贾氏说二《礼》“发源是一，理有终始，分为二部，并是周公摄政太平之书”，可见他并未像孔颖达那样认为《仪礼》从属于《周礼》，而认为这是两本独立的著作，只是其根源相同，在礼义的发展上也有关联。[②] 本文认为贾公彦是从二《礼》“发源是一，理有终始”来谈二礼本末，而之所以会有这样的主张，则或许与贾公彦的学术立场有关，以下略而论之。

二、《仪礼》《周礼》“发源是一，理有终始”说

胡培翚《仪礼正义·士冠礼一》云：

> 《礼记·明堂位》曰“周公摄政六年，制礼作乐”，故崔氏灵恩、陆氏德明、孔氏颖达及贾氏皆云《仪礼》周公所作。……《周官》一书固为礼之网领，至其仪法度数，则《仪礼》乃其本经，而《礼记》、《郊特牲》、《冠义》等篇乃其义疏耳。……据此诸说，《三礼》唯《仪礼》最古，亦唯《仪礼》最醇矣。《仪礼》有经、有记、有传，记传乃孔门七十子之徒所为，而经非周公莫能作。其间器物陈设之多、行礼节次之密、升降揖让裼袭之繁，读之无不条理秩然。[③]

胡培翚认为《仪礼》在“三《礼》”中最古，也最能代表西周社会之礼乐文

---

① 华喆：《礼是郑学——汉唐间经典诠释变迁史论稿》，北京三联书店，第 30～40 页。

② 贾公彦在《士冠礼疏》下又云：“《周礼》是统心，《仪礼》是履践，外内相因，首尾是一。”虽也引用郑玄之意，将《周礼》视为统心的“体”，仪礼则是践行的“履”，但他并没有混淆“体履”与“本末”，也没有推导出《周礼》为本的结论。（其说见李洛旻：《贾公彦〈仪礼疏〉研究》，第 283 页）

③ （清）胡培翚：《仪礼正义》卷一，江苏古籍出版社 1993 年版，第 4～5 页。

化，《礼记》诸篇可视为《仪礼》之义疏，且《仪礼》亦为《周礼》之本经。关于礼乐制度的发展，陈来提到殷礼以宗教礼仪比重最大，今本《礼记》所载，除冠制外几乎都与祭祀有关，或许可以说明这样的现象。然而《仪礼》中大部分内容在殷商文化资料中很难找到其来源，因为是到了周代，人际礼仪的内容才大幅增加，因此，我们可以将《仪礼》视为西周礼乐文化的代表。《礼记・礼运》亦云："是故夫礼必本于天，殽于地，列于鬼神，达于丧、祭、射、御、冠、昏、朝、聘，故圣人以礼示之，故天下国家可得而正也。"[1]礼起源于事神，早在原始社会，即有祭祀对象——天神、人鬼、地祇，为宗教祭祀的活动。到了周代，逐渐衍生出人文教化的意义，人由原本对神的依赖转向对自己德性及行为的要求。丧祭、射御、冠昏、朝聘之礼才是体现贵族生活中礼的主体，关于祭祀的活动也从充满神秘未知的天，转化为有道德及教化意义的祭祖，通过祭祖与祭祀仪式来教化子孙，让礼与人的品德教育产生接轨、融合。[2]《礼记・昏义》云："夫礼，始于冠，本于昏，重于丧祭，尊于朝聘，和于乡射，此礼之大体也。"这显示了礼从原始社会发展到周代，人际礼仪重于宗教礼仪。在礼仪与封建制度、宗法制度配合之后，礼也衍化出新的意义；在政治功能上，礼的不同代表着社会身份地位的不同，礼在当时能够成为维系政治阶层的一种不可言喻的力量。在社会功能方面，礼对婚丧嫁娶与社交等礼俗拥有伦常规范功能，亦有维系社会秩序的力量。《礼记・檀弓》云："墟墓之间，未施哀于民而民哀；社稷宗庙之中，未施敬于民而民敬。"勾承益言："这句话从人类心理学的角度揭示了仪式形态的礼学活动在人们心理上的作用过程的特征：一般地说，仪式是一种物质性的行为，而且总是具有眼、耳、鼻、身多方面的可感知性。当人们参与仪式活动的时候，这些物质形式所烘托出的一种明确的气氛往往直接作用于人的感官，从而使人受到一种情感的熏陶。……从现代的研究角度来看，《仪礼》之所以备受古代礼学家重视，关键在于书中礼仪程序对于增强社会成员的礼仪关系场（即'礼场'）意识以及等级宗法等社会意识具有积极意义。换言之，《仪礼》的价值主要在于其推行礼教过程的可操作性质。正是通过仪式的形态，诸如等级、宗法、秩序、规则等抽象的礼法意识，终于得到了最为生动直观的表现形式，从而使抽象的礼获得了广泛的实践价值，成为社会成员日常生活中的具体规则。"[3]

透过《仪礼》的可操作性仪式、情感熏陶及最终形成的礼法意识，我们可

① （清）阮元等：《十三经注疏・礼记・礼运》卷二十一，第 414 页。

② 参见林安弘：《儒家礼乐之道德思想》，（台北）文津出版社 1988 年版，第 27 页。

③ 勾承益：《先秦礼学》，巴蜀书社 2002 年版，第 39～41 页。

以得到完善的人生秩序指引。对于个人而言,《仪礼》揭示了贵族在不同的人生阶段,应具备的仪式规范及精神气度;对于家庭、社会而言,《仪礼》也提示了与他人良善互动的积极模式。而这些仪式与情感、意识,最终仍归诸源于祭祀的“敬”,也就是“礼”的共同起源。①

将这样的人生秩序加以扩展,则国家的政治制度、组织运作,也可以在稳定的架构下进行。章潢《三礼总叙》言:

> 礼莫大乎伦。虽官制、仪节,皆所以品节乎五伦,而人性自然之条理。所以恭敬撙节退让者,一皆其性情不容自已者也。善乎《皋陶》篇曰:“天叙有典,勅我五典有敦哉;天秩有礼,自我五礼有庸哉。”自天子至庶人同此五典也。其不同者,五礼之等杀耳。可见五礼之庸也,虽至于经礼三百曲礼三千,而要不出于五伦之外,凡五服五章五刑五用皆此礼也,皆所以敦此典也。然典曰天叙,礼曰天秩,其等杀不齐,岂作而致其情哉。天理之节文,人心所自有者也。②

《周礼》分为天官、地官、春官、夏官、秋官、冬官六大系统。冬官失传,由《考工记》替补。这六大系统相当于政府六大部门,每个部门之下又有一个副级部门,每个部门下设有官职,官职的职责为何、官职之间的联系等,《周礼》都规划得非常翔实,是以刘歆、郑玄、孔颖达、贾公彦等都相信《周礼》是周公制定的政治蓝图。今人黄玉顺认为《周礼》有两个正义原则,分别为制度规范的建构必须是正当的正当性原则,及机动面、为《周礼》结果论的适宜性原则。③

正当性原则首先是要求制度的公正性,为公与私两者间的关系问题,然而公、私的体现不是在字义上,而是在“礼”这个层面上。如《夏官司马・大司马》云:“大兽公之,小禽私之。”另《秋官司寇・朝士》云:“凡得货贿、人民、六畜者,委于朝,告于士,旬而举之,大者公之,小者庶民私之。”从制度面看,必须是克私奉公。另一个正当性原则为制度设计的公平性,不论是《天官・大宰》中的九式“均节财用”,《地官・大司徒》中的“土均之法”,还是《地官・均人》所提的“均人掌均地政、均地守、均地职、均人民、牛马、车辇之力政”,《周礼》的均平并非是平均主义之意,不是现代所谓平等之概念,而是在所建立的秩序结构中,人们都分别获得分内合适的利益分配。

---

① 《礼记》开宗明义言“毋不敬”,郑注云“礼主于敬”,孔疏言:“人君立治,先当肃心,谨身慎口之事。”有提纲挈领之用,其意庶几于此。

② (明)章潢:《图书编》,《四库全书・子部》第13卷《三礼总叙》。

③ 参见黄玉顺:《“周礼”的现代价值究竟何在——〈周礼〉社会正义观念诠译》,《学术界》2011年第6期。

在《周礼》的适宜性原则中，从全本《周礼》出现 49 次“宜”字，即可知《周礼》十分重视制度设计是否合乎适宜性。如《地官・大司徒》《地官・遂人》《夏官・土方氏》等中“土宜之法”的地宜性，以及《天官・食医》，《地官》中的《闾会》《遂会》《鄹长》《川衡》《林衡》《角人》《羽人》《掌葛》《掌炭》《掌荼》《场人》《媒氏》等的时宜性。《周礼》出现“时”字共 131 次，《周礼》对得时与否非常关注。但正当的制度、适宜的组织要能顺畅地运作，其关键仍在于个人是否为道德完善的君子，是否能依礼而行，否则徒法亦不足以自行。因此，我们可以说“五礼”来自于“五伦”之扩充，国家的典章制度有范，来自于人生有序，政府的组织运作流畅，来自于良善的人际互动。“《周礼》把周人的礼法、礼教和礼治精神充分贯彻到了对各种官职的配置之中。”[①]清王步青在《〈仪礼经传内外编〉序》中则说：

> “《周礼》为本，《仪礼》为末”，此郑氏说也；唐贾氏则曰“《周礼》为末，《仪礼》为本”。夫《大学》之序，自修身齐家，放之国与天下，窃以此指按此二书，盖贾说为长。[②]

以《大学》“古之欲明明德于天下者，先治其国；欲治其国者，先齐其家；欲齐其家者，先修其身；欲修其身者，先正其心；欲正其心者，先诚其意；欲诚其意者，先致其知，致知在格物”“物有本末，事有终始，知所先后，则近道矣”之意，说解贾氏之说。盖以《仪礼》为论，其本源在心之“敬”，而其内容则为个人修身齐家、立身处世之论；以《周礼》为论，则其内容扩充为安治国家的典章制度，其要义仍归之于敬谨合宜。也就是说，就“二《礼》”之本源论，我们可说《周礼》《仪礼》“发源是一，理有终始，分为二部”；就“二《礼》”之内容论，则“《周礼》为末，《仪礼》为本”。

三、贾公彦的学术立场

欲论述贾公彦的学术立场，应先了解其生平或成学历程。但贾公彦虽为唐代礼学大家，对“三《礼》”均撰有义疏[③]，《仪礼疏》与《周礼疏》尤为后人

---

① 勾承益：《先秦礼学》，第 61 页。

② (清)王步青：《〈仪礼经传内外编〉序》，《已山先生文集》，乾隆十七年(1752 年)敦复堂刻本，第 37 页。

③ 《旧唐书・儒学上》记贾公彦撰《周礼义疏》50 卷、《仪礼义疏》40 卷，《新唐书》儒学传未记贾公彦著作。但《旧唐书・经籍志上》录贾公彦撰《礼记疏》80 卷。可知贾公彦兼疏“三《礼》”。本文征引史书，俱参中华书局 2008 年点校本，下同。

所习，唯揆诸史志，关于贾氏之学术渊源记载甚少。仅能从新、旧《唐书》的儒学传中，得知他师事张士衡，“受其业擅名于时”[①]，为“当时显者”[②]。张士衡为隋唐时期精通“三《礼》”的儒者，幼时居母丧，哀慕过礼，北齐博士刘轨思乃亲授之《毛诗》《周礼》，又曾从熊安生、刘焯学《礼记》，在学术脉络上属于北学一脉，因此，贾氏之学术渊源，亦可视为北学一路。据《新唐书·艺文志》之记载，贾公彦曾参与《礼记正义》之编撰[③]，但当时贾公彦是“国子助教”，与时任国子监祭酒的主编孔颖达有一定的地位差距，且孔颖达之学术脉络偏南学[④]，李洛旻认为这样的地位差距及学术脉络的不同，可能造成贾公彦在协助编撰《礼记正义》时，与孔颖达产生意见龃龉，或者在《礼记正义》编撰时，无法表述自己的意见，也可能是贾公彦在《礼记正义》编撰完成后，又再私撰《礼记疏》的原因。且贾公彦之所以在《礼记正义》之外，还要撰写《仪礼疏》《周礼疏》，或许也是对初唐偏重《礼记》的学术环境不满。[⑤]

但孔、贾二人的学术地位差距，应与其年岁与历练有关。孔颖达生于北齐后主武平五年(574)，贾公彦的生年并无明确记载，但按岑仲勉对罗振玉《芒洛冢墓遗文四编·贾玄赞墓志》考辨进行考证补充、杨学东依岑仲勉《贾玄赞殡记辨伪》所言以及依据北周男性适婚年龄规定所进行的补正，贾公彦长子贾玄赞出生的时间约唐武德八年(625)，贾公彦出生时间在隋炀帝大业年间(约605～610)的可能性较大[⑥]，可知孔颖达本就略长于贾公彦。且《五经正义》于唐太宗贞观十二年(638)奉敕编写，孔颖达已近耆老，并担任国子

---

① 《旧唐书·儒学上》。

② 《新唐书·儒学上》。

③ 《新唐书·艺文一》录：“《礼记正义》七十卷，孔颖达、国子司业朱子奢、国子助教李善信、贾公彦、柳士宣、范义頵、魏王参军事张权等奉诏撰，与周玄达、赵君赞、王士雄、赵弘智复审。”

④ 《新唐书·儒学上》言孔颖达“八岁就学，诵记日千余言，暗记《三礼义宗》”。《三礼义宗》为南朝宋崔灵恩所著，可见孔颖达之学术渊源于南学。又其《礼记正义序》言：“爰从晋、宋，逮于周、隋，其传《礼》业者，江左尤盛。其为义疏者，南人有贺循、贺瑒、庾蔚、崔灵恩、沈重、范宣、皇甫侃等，北人有徐遵明、李业兴、李宝鼎、侯聪、熊安生等。其见于世者，唯皇、熊二家而已。熊则违背本经，多引外义，犹之楚而北行，马虽疾而去逾远矣。又欲释经文，唯聚难义，犹治丝而棼之，手虽繁而丝益乱也。皇氏虽章句详正，微稍繁广，又既遵郑氏，乃时乖郑义，此是木落不归其本，狐死不首其丘。此皆二家之弊，未为得也。然以熊比皇，皇氏胜矣。”虽然对于南北朝研究《礼记》的代表学者都有批评，但显然在其学术取择上，孔颖达最终仍以南学为宗。

⑤ 参见李洛旻：《贾公彦〈仪礼疏〉研究》，第27～30页。

⑥ 参见杨学东：《贾公彦〈周礼疏〉研究》，第9页。

监祭酒，侍讲东宫，学术地位崇高，贾公彦无法与之抗颜匹敌，实为人情之常。再者，南学、北学虽有不同的研经方式[①]，但“南北分立，至隋统一。学术政教，于焉混同”[②]。自隋朝开始，南、北学已有混同之势，其时大儒，众所共推刘炫、刘焯，二刘受诗于刘轨思，问礼于熊安生，应属于北学系统，然实则两人是“拔萃出类，学通南北，博极今古，后生钻仰，莫之能测”[③]。这种现象到了唐代应该更为明显，如前已言之，贾公彦师从刘轨思、熊安生、刘焯，属北学一脉，孔颖达之学术脉络偏南学，但他也“尝造同郡刘焯，焯名重海内，初不之礼，及请质所疑，遂大畏服”[④]。可见对于这些博学鸿儒而言，“南学”与“北学”界限渐泯。要之，我们似乎不宜以贾公彦与孔颖达在年岁、地位上的差距，或“南学”“北学”路径的不同，就断言他们对于经书会有不同的见解或主张。

笔者以为，贾公彦与孔颖达对于《仪礼》《周礼》本末问题的看法不同，或许是与其立论的角度不同有关。贾公彦是从“百官事君”的立场来谈论《仪礼》为本、《周礼》为末，孔颖达则是从“圣王治国”的立场来谈论《周礼》为本、《仪礼》为末，两说并无高下，只是立场不同。唐太宗贞观初期，由魏征等人为唐太宗方便阅读经典所编著的《群书治要》中，收有《礼记》与《周礼》，却未收录《仪礼》。由于《群书治要》的读者就是唐太宗本人，未将《仪礼》收入《群书治要》，也就表示在魏征等重臣的认知中，皇帝并不需要读《仪礼》。在唐初的科举制度设计下，《礼记》的重要性本来就高于《仪礼》《周礼》，而就政治氛围来看，《仪礼》的重要性又不如《周礼》及《礼记》。因此，就孔颖达的地位与立场而言，他的学术地位崇高，本人又受到当政者重用，其学术主张受到政治影响，在疏解经书时，站在统治者治理天下的视角考量，而主张《周礼》为本、《仪礼》为末，是可以理解的。贾公彦虽通达“三《礼》”，但就目前的史料来看，他并未担任过政治要职，在《周礼》与《仪礼》的本末关系上，会站在教导臣民应如何立身处世及以礼事君的标准规范上，刻意强调《仪礼》由卑

---

① 《北史·儒林上》：“南人约简，得其英华；北学深芜，穷其枝叶。考其终始，要其会归，其立身成名，殊方同致矣。”

② 马宗霍：《中国经学史》，台湾商务印书馆1986年版，第89页。又，李威熊亦言：“隋代的经学，随着南北朝政局的结束，也复归一统。”[见氏著《中国经学发展史论》，(台北)文史哲出版社1988年版，第242页]

③ 《隋书·儒林》。

④ 《新唐书·儒学上》。

到长的次序[①]，主张《仪礼》为本、《周礼》为末，也是说得通的。

此外，陈寅恪《隋唐制度渊源略论稿·叙论》云：

> 凡西魏、北周之创作有异于山东及江左之旧制，或阴为六镇鲜卑之野俗，或远承魏、(西)晋之遗风，若就地域言之，乃关陇区内保存之旧时汉族文化，所适应鲜卑六镇势力之环境，而产生之混合品。所有旧史中关陇之新创设及依托《周官》诸制度皆属此类。[②]

隋唐开国君王均是来自陈寅恪所创名词"关陇集团"的后人，有鉴于北魏末年发生导致北魏亡国的六镇之乱，宇文泰于西魏设立了八位柱国将军，这八位柱国将军是宇文泰、元欣、李虎、李弼、独孤信、赵贵、于谨、侯莫陈崇，其中宇文泰位列八人之首，统领百官，元欣则是西魏皇族地位崇高而挂名，其余六柱国就是比附《周礼》的六军之制。[③] 李虎是唐高祖李渊的祖父，李弼是推翻隋朝有功的瓦岗军首领李密的曾祖父，独孤信是唐高祖李渊的外祖父，也是隋文帝杨坚的岳父、隋炀帝杨广的外祖父。隋文帝一统天下乃高度依赖关陇集团这些军事贵族们的支持，然而隋炀帝因即位后欲摆脱关陇集团的约束，新的军事力量就需有新的财政来源，隋炀帝不得不透过对外发动战争，想要在改造国内政治结构同时，从外部获取新的经济资源，结果隋炀帝另起军事炉灶的理想以失败而告终，国家亡于远征高丽之举。[④]

有了隋炀帝的前车之鉴，唐高祖李渊、唐太宗李世民再次回到关中本位，接受关陇集团军事贵族们的约束以求坚固国本，同时与属下的柱国大将军们及草原部落酋长们便是盟友关系，帝国不再发生内耗。[⑤] 从北魏孝文帝所推行比附《周礼》田制的均田制，西魏时宇文泰仍继续推动均田制，军事制度也顺势发展为府兵制，到了唐代前期仍然沿用。也就是说，唐代的政治制度与《周礼》关系密切，拥有一定政治地位的孔颖达会主张"《周礼》为本"，也是很自然的事了。

---

① 《仪礼·士冠礼疏》："《仪礼》见其行事之法，贱者为先，故以士冠为先，无大夫冠礼，诸侯冠次之，天子冠又次之。其昏礼亦士为先，大夫次之，诸侯次之，天子为后。诸侯乡饮酒为先，天子乡饮酒次之。乡射、燕礼已下皆然。"

② 陈寅恪：《隋唐制度渊源略论稿·叙论》，生活·读书·新知三联书店 2015 年版，第 4 页。陈寅恪认为隋唐制度来源有三：一为北魏、北齐；二为南梁、南陈；三为西魏、北周。

③ 参见陈寅恪：《隋唐制度渊源略论稿·兵制》，第 142 页。

④ 参见施展：《枢纽》，广西师范大学出版社 2018 年版，第 178 页。

⑤ 参见施展：《枢纽》，第 178～179 页。

四、结　语

贾公彦之所以主张"《周礼》《仪礼》，发源是一，理有终始，分为二部，并是周公摄政太平之书。《周礼》为末，《仪礼》为本"。本文推论有两种可能：

一是前述所言贾公彦是以礼的内涵广狭为论，《仪礼》是先秦时期的礼经，以形式礼仪为主，虽然将士以上之贵族社会的生活礼仪制度化，规定着贵族们的生活及社会交往关系之形式，却非政典及官制。而《周礼》虽为"三《礼》"之一，然而《周礼》并非狭义的"礼"，它的内容是一个国家政权在组织结构上的规划以及各部门、官职的全盘理想化设计方案，涉及政体、政权、等级、机构与官职、中央与地方之关联性。礼源于敬畏之心，是所有制度的起源。到了周代，人由原本对神的依赖转向对自己德性及行为的要求，始将士以上之贵族社会的生活礼仪制度化，对贵族们的生活及社会交往关系形成规范，各守本分、各安其位，使国家社会安定以增加统治阶层的稳定性，所以礼的影响涉及天人、政治、人伦三个部分。行远必自迩，一个国家内部没有秩序，没有安定，日后何来发展？因此，国家欲求安定，前提是一个拥有权力的人能对自己德性高标准要求及行为上有所节制。因此，"理有终始"的始，乃是始于修身；以《仪礼》为本，《周礼》为末，则可以视作一个秩序结构的发展历程。

二是贾公彦是以卑事上的立场谈《仪礼》的重要性。自汉到唐，《礼记》的研究备受学者们重视；隋唐国家制度的创设，与《周礼》有一定联系，是以《周礼》在唐初亦获得宣扬。《仪礼》所记，是特定时空、特定身份的行为模式，后人常苦其难读，而以其无所用于世。贾公彦认为《仪礼》的内容编写，有一定阶级次序，符合其"百官事君"的政治立场，故而加以提倡。

本文最后想提出的是，虽然唐太宗贞观年间在我国历史上算得上是政治清明的时期，然而从魏晋开始，到唐玄宗前，宫闱政变发生不知凡几。如果统治者、东宫、后宫都处在正确的位置，李唐王朝不会到了第三位皇帝就发生临朝听政、接着改朝换代之事。唐玄宗李隆基在即位前，朝廷经历其祖母武则天、伯母韦后、亲姑姑太平公主等后宫女主掌权五十多年，故而他为成就自己圣王教化臣民之愿而亲注《孝经》。唐朝开国即有政变之例，唐玄宗注《孝经》应有提醒自己的兄弟及儿子之意，却防不了自己因私欲而败坏伦常及朝纲，娶自己的儿媳，间接引发安史之乱，唐朝国力从此一蹶不振。若就此而言，贾公彦强调"《周礼》为末，《仪礼》为本"，应该也算是有远见的了。

古礼体系划分与射礼类别归属论略*

杨 杰**

摘 要:中国是礼仪之邦,早在先秦时期就具备了一套严整完备的古礼体系,并形成了诸种对于礼之类别的划分方式。射礼是十分重要而独特的礼典类别,明确其在各古礼划分体系中的类别归属,有助于对其性质与地位的准确把握。本章对诸种礼类划分方式进行了梳理考论,并在此基础上考察射礼在各分类体系中的类别归属,从而一窥射礼之重。

关键词:礼;射礼;礼类划分;礼学

中国是"礼仪之邦",华夏文明被誉为"礼乐文明",早在先秦时期就形成了一套严整完备的古礼体系。礼书所载礼之名目林林总总,极为繁芜,有"礼仪三百,威仪三千"之多。为了言说的方便与准确,亦为了能够提纲挈领、以简驭繁,于是便有了对礼之类别的划分和体系的建构。射礼作为"六艺"之一,具有起源早、种类多、政治寓意强、文化内涵丰富等特点,是古礼体系中十分重要而独特的礼典类别。明确射礼在古礼划分体系中的类别归属,有助于我们更好地把握射礼的性质与地位。本文即对诸种礼类划分方式进行梳理考论,并在此基础上考察射礼在各分类体系中的类别归属如次。

一、"五礼"体系与射礼类属

先秦文献有"五礼"之说,见诸《周礼》者三例:《周礼·地官·大司徒》云

---

* 本论文得到江苏高校"青蓝工程"资助,是江苏高校哲学社会科学研究基金项目"清代官修《礼节图》整理与研究"(2018SJA0538)、江苏高校品牌专业建设工程资助项目(PPZY2015A005)的阶段性成果。

** 作者简介:杨杰,文学博士,古典文献学博士后,江苏第二师范学院教师,主要从事经史文献整理与研究。

“以五礼防万民之伪而教之中”；《周礼·地官·保氏》云“而养国子以道，乃教之六艺：一曰五礼”；《周礼·春官·小宗伯》云“掌五礼之禁令与其用等”①。又有见诸《尚书》者二例：《舜典》云“岁二月，东巡狩，至于岱宗……修五礼、五玉”；《皋陶谟》云“天秩有礼，自我五礼有庸哉”②，此皆但称“五礼”而未析言其目。《周礼·春官·大宗伯》言大宗伯负责建立邦国之礼，曰“以吉礼祀邦国之鬼神祇”，“以凶礼哀邦国之忧”，“以宾礼亲邦国”，“以军礼同邦国”，“以嘉礼亲万民”③，合而计之，恰为五种礼类，似与“五礼”存在一定关联。

时至东汉，经学家郑司农注解《大司徒》“以五礼防万民”之“五礼”和《小宗伯》“掌五礼之禁令”之“五礼”，皆以“吉、凶、宾、军、嘉”释之④，首次明确将《大宗伯》所列五种礼之细目与“五礼”进行了对应。其后，东汉郑玄注《大司徒》“六艺”之“礼”云“礼，五礼之义”，注《保氏》“六艺”之“五礼”又云“五礼，吉、凶、宾、军、嘉也”⑤，皆取《大宗伯》及郑司农说。再后，《书》伪孔传、孔颖达《正义》等亦皆取之以释《舜典》之“五礼”与《周官》之“邦礼”⑥。由是可见，在经典注释领域，吉、凶、宾、军、嘉之五礼划分体系渊源有自并渐趋稳固。

唐代以来，典制文献编纂兴盛，吉、凶、宾、军、嘉之礼类划分方式由经典注释领域扩展到文献编纂领域，礼典类的文献汇编大多以之立目，然序次或有变更。如房玄龄《晋书·礼志》以吉、凶、宾、军、嘉为次叙述，长孙无忌等《大唐仪礼》百卷则以吉、宾、军、嘉、凶为次立目，长孙无忌等《永徽五礼》百三十卷和萧嵩《大唐开元礼》百五十卷亦皆分礼为吉、宾、军、嘉、凶五类，杜佑《通典·礼典》则以吉、嘉、宾、军、凶为次，其《礼序》对序次的安排解释云：“但前古以来，凡执礼者，必以吉凶军宾嘉为次；今则以嘉宾次吉，军凶后宾，庶乎义类相从，终始无黩云尔。”⑦此后，宋郑樵《通志·二十略·礼略》、清秦蕙田《五礼通考》等皆从《通典》之序，而清朱铭盘《南朝宋会要》《南朝齐会要》《南朝梁会要》《南朝陈会要》则一仍《大宗伯》之旧。凡此皆可见“五礼”

① (汉)郑玄注、(唐)贾公彦疏，彭林整理：《周礼注疏》，上海古籍出版社2010年版，第372、499、700页。

② (汉)(伪)孔安国传、(唐)孔颖达正义，黄怀信整理：《尚书正义》，上海古籍出版社2007年版，第82、151页。

③ (汉)郑玄注、(唐)贾公彦疏，彭林整理：《周礼注疏》，第646、663、666、669、670页。

④ (汉)郑玄注、(唐)贾公彦疏，彭林整理：《周礼注疏》，第372、700页。

⑤ (汉)郑玄注、(唐)贾公彦疏，彭林整理：《周礼注疏》，第370、499页。

⑥ (汉)(伪)孔安国传、(唐)孔颖达正义，黄怀信整理：《尚书正义》，第85、705～706页。

⑦ (唐)杜佑撰，王文锦等点校：《通典》，中华书局1988年版，第1122页。

分类体系行用之广、影响之大。

至于射礼在“五礼”分类中的归属，历史上存在不同的意见，归纳起来主要有三种：一是“吉礼”说，刘向《别录》主之。《礼记·射义》“射义第四十六”，《释文》引郑云“《别录》属《吉礼》”，贾疏引郑《目录》云“此于《别录》属《吉事》”①。二是“嘉礼”说，由郑玄《仪礼目录》提出。《仪礼·乡射》“乡射礼第五”贾疏引郑《目录》云“射礼于五礼属嘉礼”，《大射》“大射第七”贾疏引郑《目录》云“射仪②于五礼属嘉礼”，郑玄之后贾公彦略为申释曰：“郑云‘射礼于五礼属嘉礼’者，案《周礼·大宗伯》云‘以嘉礼亲万民’，下有‘以宾射之礼亲故旧朋友’，故知属嘉礼也。”③后世礼家如宋李如圭《仪礼集释》、清张尔岐《仪礼郑注句读》、李光坡《仪礼述注》、吴廷华《仪礼章句》、秦蕙田《五礼通考》、钱玄《三礼辞典》等多从之。三是“军礼”说，由《唐开元礼》首倡，唐杜佑《通典》因之，清人邵懿辰也认为“《仪礼》十七篇中射礼即军礼”，后来杨宽先生在其《“射礼”新探》中强调乡射礼具有军事训练和选拔人才的意义。

我赞同第二种观点，认为射礼在“五礼”分类体系中当归属嘉礼。嘉礼位列“五礼”之第五，是用来“亲万民”之礼。《大宗伯》“以嘉礼亲万民”，郑注：“嘉，善也，所以因人心所善者而为之制。”贾疏：“（注）云‘所以因人心所善者而为之制’者，案：《礼运》云‘饮食男女，人之大欲存焉’，此嘉礼有饮食男女之等，皆是人心所善者，故设礼节以裁制之，即下经所云者皆是也。”④孙诒让《正义》：“注云‘嘉，善也’者，《尔雅·释诂》文。（注）云‘所以因人心所善者而为之制’者，谓饮食、昏冠等礼，并人心所嘉善者，故顺而制设其礼，使相亲乐也。贾疏谓‘设礼节以裁制之’，非郑恉。”⑤是知，嘉是好、善的意思，嘉礼称“嘉”，既可以从此种礼的发生角度理解，也可以从此礼的功用上理解：基于“人心所嘉善者”，顺而制设成礼，故为“嘉礼”；此礼之举行，和合人际关系，沟通联络感情，收“相亲乐”之效，是亦为“嘉礼”。

嘉礼的范围很广，据《大宗伯》所言其别有六：“以饮食之礼亲宗族兄弟，以昏冠之礼亲成男女，以宾射之礼亲故旧朋友，以飨燕之礼亲四方之宾客，

---

① （汉）郑玄注、（唐）孔颖达等正义，吕友仁整理：《礼记正义》，上海古籍出版社2008年版，第2305页。

② 笔者按：“仪”，上古本原作“义”。阮校言浦镗校改“射义”为“射仪”。今按，李如圭《仪礼集释》卷四及《钦定仪礼义疏》卷十三并引作“仪”。兹从浦校。

③ （汉）郑玄注、（唐）贾公彦疏，王辉整理：《仪礼注疏》，上海古籍出版社2008年版，第265、465、265页。

④ （汉）郑玄注、（唐）贾公彦疏，彭林整理：《周礼注疏》，第670页。

⑤ （清）孙诒让撰，王文锦、陈玉霞点校：《周礼正义》，中华书局1987年版，第1359页。

以脤膰之礼亲兄弟之国，以庆贺之礼亲异姓之国。”①《大宗伯》所列实仅为《周礼》体系中嘉礼之大要者，后世礼家在对礼典进行分门别类时，还往往将学礼、职官礼、会盟礼、观象授时、政区划分等等亦皆系属于“嘉礼”目下，可见嘉礼门类之多，涵盖之广。又，《大宗伯》仅列举了射礼中的宾射属嘉礼，其实大射、乡射、燕射也都属于嘉礼。《礼记·昏义》云：“夫礼，始于冠，本于昏，重于丧、祭，尊于朝、聘，和于射、乡。”②“和于射”正说明了各种射礼对于调和人际关系、构建和谐社会的重要作用，皆属教人向善的嘉礼。

前述对于射礼之归类不一，一定程度上反映了射之功能的多样和演变。比如时代不同，功能略有变化，尤其是唐以来，随着社会的发展，人们生活水平的提高，娱乐项目和活动增加，射箭从娱乐兼及军事作用转化为纯军事需要，故杜佑等将其归入军礼。对于这个问题，秦蕙田《五礼通考》曾有案断云：“射为六艺之一，原所以习礼乐，非专尚威武，至于诸经言射，兼朝、祭、飨、燕，亦不得专属吉礼。郑康成注《仪礼·大射》《乡射》皆属嘉礼，《宋史》亦以大射入嘉礼，颇存古意，今从之。”③所论虽简，然精且是，不赘。

二、“阳礼—阴礼”体系与射礼类属

《周礼·大司徒》记载，大司徒根据人民的生活习惯对人民施行十二个方面的教化，即所谓“十二教”：

> 一曰以祀礼教敬，则民不苟；二曰以阳礼教让，则民不争；三曰以阴礼教亲，则民不怨；四曰以乐④教和，则民不乖；五曰以仪辨等，则民不越；六曰以俗教安，则民不愉；七曰以刑教中，则民不暴；八曰以誓教恤，则民不怠；九曰以度教节，则民知足；十曰以世事教能，则民不失职；十有一曰以贤制爵，则民慎德；十有二曰以庸制禄，则民兴功。⑤

若按照后世“礼”的宽泛涵盖来讲，这“十二教”或许都可以纳入“礼”的范畴；然就《大司徒》之称说，则前三教“祀礼”“阳礼”“阴礼”方确属“礼”之教，同时亦可见“礼”之别一分类法。郑玄在阐释此“十二教”时，以“乡射饮

---

① (汉)郑玄注、(唐)贾公彦疏，彭林整理：《周礼注疏》，第670～673页。

② (汉)郑玄注、(唐)孔颖达等正义，吕友仁整理：《礼记正义》，第2277页。

③ (清)秦蕙田：《五礼通考》卷一六一，文渊阁《四库全书》本。

④ 笔者按：“乐”下原有“礼”字，王引之、孙诒让并以为误衍，是，据删。说详《周礼正义》，第706页。

⑤ (汉)郑玄注、(唐)贾公彦疏，彭林整理：《周礼注疏》，第339～340页。

酒之礼"释"阳礼",那么什么是"阳礼","射"又为何归属其中呢?

关于"阳礼""阴礼"何谓,郑注、贾疏皆有说。《大司徒》郑注云:"阳礼,谓乡射饮酒之礼也。阴礼,谓男女之礼,昏姻以时,则男不旷、女不怨。"①据知郑玄认为:阳礼,是指乡射、饮酒之礼;阴礼,是指男女之昏礼。其立说依据:阳礼未明言;阴礼则是昏礼可使"男不旷、女不怨",功能上与经谓"阴礼"可教"民不怨"相合。我认为郑玄之说存在疏隙:其一,"阳礼"之说,似未有据;其二,其言昏礼使"女不怨",《大司徒》言"民不怨",一女一民,未可等同;此外,郑玄偏重从揭示外延的角度对"阳礼""阴礼"包括何种名目之礼作出阐述,而未就"阳礼""阴礼"的内涵给出阐发,终使人有"知其然不知其所以然"之惑。对于郑注的两点疏隙,贾公彦作了一定的补充阐发。《大司徒》贾疏云:

> (注)云"阳礼,谓乡射饮酒之礼"者,以是阳礼而云"教让",其乡射,是州长射礼;乡饮酒,是党正饮酒:皆有正齿位、②饮酒,为敬让之事,故知阳礼是二事。

又云:

> (注)云"阴礼,谓男女之礼"者,以其言"阴",又云"不怨",故知是男女昏姻之礼也。(注)云"昏姻以时,则男不旷、女不怨"者,此约《雄雉诗·序》云:"军旅数起,大夫久役,男女怨旷。"注云:"国人久处军役之事,故男多旷、女多怨也。男旷而苦其事,女怨而望其君子。"此经直云"不怨",据女而言,文不具显,故郑兼言旷也。若然,彼诗据旧成夫妇,此文据配合得时,时虽不同,若失时,怨旷不异,故引为证也。③

贾氏意谓:其一,郑以乡射、乡饮释"阳礼",是因为此二礼皆有"正齿位、饮酒"之"敬让之事",与《大司徒》"阳礼""教让"说相合;其二,郑玄昏礼"男不旷、女不怨"之说,有本有据,《大司徒》仅据女而言"不怨",是"文不具显"而已。今按:贾作此申郑之说,显然是建立在对于郑注亦略感不妥基础之上。第一点中,将郑说"乡射"限于"州长乡射"、郑说"饮酒"限于"党正饮酒",实际上是大大缩小了郑玄作解的范围④;然其以"教让"说郑解之依据,尚可成立。第二点中,贾氏其实则是先肯定了郑玄"阳礼"就是男女共行之

---

① (汉)郑玄注、(唐)贾公彦疏,彭林整理:《周礼注疏》,第340页。

② 笔者按:"正齿位"下原作句号,误,今改。

③ (汉)郑玄注、(唐)贾公彦疏,彭林整理:《周礼注疏》,第341～342页。

④ "乡射"不仅包括州长乡射,还包括乡大夫乡射,且后者更为重要;"饮酒"不仅包括"党正饮酒",至少还包括乡饮酒、州饮酒、卿大夫饮酒等三种饮酒。

昏礼之说，然后据以说《大司徒》经文仅言“女”之“不怨”，此是先注而后经，据注说经，恐难据信。

至于贾公彦自己的说解，考《大司徒》贾疏云：

> （经）“二曰以阳礼教让，则民不争”者，谓乡[①]饮酒之礼，酒入人身，散随支体，与阳主分散相似，故号乡射饮酒为阳礼也。乡饮酒，即党正饮酒之类是也，党正饮酒之时，五十者堂下，六十者堂上，皆以齿让为礼，则无争，故云“以阳礼教让，则民不争”也。

又云：

> （经）“三曰以阴礼教亲，则民不怨”者，以阴礼谓昏姻之礼，不可显露，故曰阴礼也。男女本是异姓，冕而亲迎，亲之也。亲之也者，亲之也。使之亲已，是昏礼相亲之义。昏姻及时，则男女无有怨旷。故云“以阴礼教亲，则民不怨”也。[②]

据知贾公彦认为：阳礼，是乡射饮酒之礼；阴礼，是昏礼。其立说依据在于：乡射饮酒之礼有饮酒环节，饮酒环节中“酒入人身，散随支体”的特点与“阳主分散”的特性相似，是可称“阳”；饮酒环节又讲究齿让，正合《大司徒》言“阳礼”能“教让则民不争”。昏礼，幽隐而不显露，是可称“阴”；昏礼使“异姓”相亲、“使之亲已”，正合《大司徒》言“阴礼”能“教亲”，昏礼使“男女无有怨旷”，正合《大司徒》所言“阴礼”能使“民不怨”。今按：贾说虽在观点上每多依仍郑说，但亦不乏独立之思。此处，贾说有意识地从称名（即何谓“阳”何谓“阴”）和功用（即《大司徒》经所明言）两个方面去把握和阐释“阳礼”“阴礼”，思考的角度是十分值得称道的。且在“阳”“阴”的取义上，于“阳礼”之“阳”取发散义，于“阴礼”之“阴”取幽隐义，注意到了阴阳相对的特性。而在具体解说上，贾说则犹有不安：其取发散义释“阳礼”之“阳”，以酒入人身之可称“阳”沟通此礼与称名，显得牵强而不得其要；又以昏礼使“男女无有怨旷”与经之“民不怨”相应，亦是以经“据女而言，文不具显”为前提。

我认为，理解《大司徒》之“阳礼”“阴礼”可从四个角度把握：第一，称名角度，当取义而可称“阳”、可称“阴”；第二，功用角度，当满足《大司徒》经所言，“阳礼”可“教让”而使“民不争”，“阴礼”可“教亲”而使“民不怨”；第三，对立角度，阴阳本相对，“阳礼”与“阴礼”又相对为文，故“阳礼”与“阴礼”之内涵当有相反相成的成分；第四，文献角度，训释当于文献尤其是礼书有征（“阳礼”仅此一见，主要指“阴礼”）。基于此四个角度的考虑，我们认为《大

① 上古本校勘记：浦镗云，“乡”下脱“射”。（第 349 页）

② （汉）郑玄注、（唐）贾公彦疏，彭林整理：《周礼注疏》，第 340～341 页。

司徒》此"阳礼""阴礼"或可作如下两种理解：

第一种：女主阴，妇人所行之礼为"阴礼"；男主阳，男子所行之礼为"阳礼"。征之文献，"阴礼"于《周礼》凡 4 见，另外 3 处分别为《天官·内宰》："以阴礼教六宫""以阴礼教九嫔"和"祭之以阴礼"①，郑玄皆以妇人之礼注之。就功用角度而言，男主阳，但不可过阳，过阳最易引发男子争斗之心；女主阴，但不可过阴，过阴则最易引起女子幽怨之情。"阳礼"为男子所行之礼，这类礼通过"教让"而使其"不争"，防其过阳；"阴礼"为女子所行之礼，这类礼通过"教亲"而使其"不怨"，防其过阴。就其各自外延来看，阳礼则主要指饮、射，因为冠、昏、丧、祭等皆有妇人参与(可见诸《仪礼》)，唯独饮、射纯为男子之礼(且自生之日即有体现，《礼记·射义》云："故男子生，桑弧蓬矢六，以射天地四方，天地四方者，男子之所有事也，故必先有志于其所有事，然后敢用谷也，饭食之谓也"②)；阴礼则主要指女功、女事、女仪之类。如若此说成立，则"阳礼""阴礼"之称名是就其行礼者而言的。

第二种："阴"取幽隐之义，男女之礼即昏礼为幽隐不宣之礼，故称"阴礼"；"阳"取宣露之义，乡礼即乡饮、乡射之礼为集会性宣扬之礼，故称"阳礼"。征之文献，《周礼》有所谓"阴讼"(《地官·媒氏》云："凡男女之阴讼，听之于胜国之社"③)，谓男女之讼，正取其不宣之义。男女之讼谓之阴讼，男女之礼即可谓之阴礼，且礼书亦言昏礼主幽阴，不用乐，不宣扬。《礼记·郊特牲》云："昏礼不用乐，幽阴之义也。乐，阳气也。"郑注："幽，深也。欲使妇深思其义，不以阳散之也。"孔疏："昏礼所以不用乐者，幽，深也，欲使其妇深思阴静之义以修妇道。'乐，阳气也'者，阳是动散，若其用乐，则令妇人志意动散，故不用乐也。"④就其功用与外延来看，昏礼确是教男女相亲、不旷不怨，《大宗伯》"以昏冠之礼亲成男女"，郑注云"亲其恩，成其性"⑤，《大司徒》孙诒让《正义》云"民乐其昏，则无失时之怨"⑥，并是其证；乡礼主要是乡饮、乡射，有尊老、养老、敬贤、正齿位之事，确是"教让"而"使民不争"，《礼记·乡饮酒义》云："主人拜迎宾于庠门之外，入，三揖而后至阶，三让而后升，所以致尊让也……君子尊让则不争。"又云："先礼而后财，则民作敬让而不争矣。"《经

① (汉)郑玄注、(唐)贾公彦疏，彭林整理：《周礼注疏》，第 242、243、248 页。
② (汉)郑玄注、(唐)孔颖达等正义，吕友仁整理：《礼记正义》，第 2322 页。
③ (汉)郑玄注、(唐)贾公彦疏，彭林整理：《周礼注疏》，第 514 页。
④ (汉)郑玄注、(唐)孔颖达等正义，吕友仁整理：《礼记正义》，第 1093、1095 页。
⑤ (汉)郑玄注、(唐)贾公彦疏，彭林整理：《周礼注疏》，第 671 页。
⑥ (清)孙诒让撰，王文锦、陈玉霞点校：《周礼正义》，第 706 页。

解》有云："乡饮酒之礼，所以明长幼之序也……乡饮酒之礼废，则长幼之序失，而争斗之狱繁矣。"[①]《大戴礼记·盛德篇》亦云："凡斗辨生于相侵陵也，相侵陵生于长幼无序，而教以敬让也，故有斗辨之狱，则饰乡饮酒之礼也。"[②]《论语·八佾》皇侃义疏引栾肇云："君子于射，讲艺明训，考德观贤，繁揖让以成礼，崇五善以兴教，故曰'君子无所争，必也射乎'，《周官》所谓'阳礼教让，则民不争'者也。"[③]《白虎通义·乡射篇》则云："二人争胜，乐以德养也，胜负俱降，以宗礼让，故可以选士。"[④]凡此皆是其证。如此若成立，"阳礼""阴礼"之称名则是就其行礼方式而言的。

需要说明的是，如上分析所言，无论是取第一种还是第二种理解，"阳礼"的指向都是以乡饮、乡射为主，且与郑说相合，故以乡射属"阳礼"当可成立。《大司徒》所载是王国之官大司徒的职掌职事，他负责以"十二教"教导的对象是乡民，所以《大司徒》篇中的"阳礼"当是专指乡射、乡饮而言。射礼种类诸多，乡射仅是其中之一，以我们上面设立的标准考察，仅限男子参与是所有种类射礼共同的要求，涵养心性、教让使不争亦是所有射礼兼具的功用，所以各类射礼皆属"阳礼"。

三、"六礼""八礼""九礼"体系与射礼类属

《礼记·王制》有"六礼"之说，分别是冠、昏、丧、祭、乡、相见，郑注云："乡，乡饮酒、乡射"[⑤]，是射礼中的乡射属于此"六礼"之"乡"。今按：据郑注，此所谓"乡"不仅指乡射礼，还包括乡饮酒礼，盖因乡射之前必先行乡饮，故可合称。又，《王制》前有"司徒修六礼以节民性"文，据任铭善说，"冠昏"云云是汉儒所增以释前"司徒修六礼"之文。

《礼记·昏义》论及礼的总体原则，罗列了八种礼类及其各自的地位："夫礼，始于冠，本于昏，重于丧、祭，尊于朝、聘，和于乡、射。此礼之大体也。"[⑥]是知又有冠、昏、丧、祭、朝、聘、乡、射八礼之分，射礼作为亲和之礼位列其中。又《礼记·礼运》记孔子论礼云："是故夫礼，必本于天，殽于地，列

① (汉)郑玄注、(唐)孔颖达等正义，吕友仁整理：《礼记正义》，第2285、2290、1909页。

② 方向东师：《大戴礼记汇校集解》，中华书局2008年版，第829页。

③ (三国魏)何晏集解、(南朝梁)皇侃义疏：《论语集解义疏》卷二，文渊阁《四库全书》本。

④ (清)陈立撰，吴则虞点校：《白虎通疏证》，中华书局1994年版，第246页。

⑤ (汉)郑玄注、(唐)孔颖达等正义，吕友仁整理：《礼记正义》，第588页。

⑥ (汉)郑玄注、(唐)孔颖达等正义，吕友仁整理：《礼记正义》，第2277页。

于鬼神，达于丧、祭、射、御、冠、昏、朝、聘。"[①]据知复有丧、祭、射、御、冠、昏、朝、聘八目之分。与《昏义》所列相较，差异唯在损"乡"而增"御"，"射"则皆列其中。"御"乃驾车之术，属"六艺"之一，一般不被作为礼类看待。"六艺"亦有"射"，指五种射法，属于射术，与礼射有关联而不可等同。

又有"九礼"之说，见诸《大戴礼记·本命篇》："冠、昏、朝、聘、丧、祭、宾主、乡饮酒、军旅，此之谓九礼也。"清王聘珍《解诂》云："九者，五礼之别也。冠、昏、宾主、乡饮酒，嘉礼也。朝、聘，宾礼也。丧，凶礼也。祭，吉礼也。军旅，军礼也。宾主谓宾射、飨燕之类。"[②]是将宾射归于"宾主"。今按：大射、燕射和乡射虽不以"宾"称，但行礼皆分宾、主而宾主之道多有存焉，故皆可纳于"宾主"之属。

以上我们对古礼类别的多种划分体系以及射礼在不同划分体系中的礼类归属问题进行了梳理考论，兹将主要所得列表如下，以清眉目。

古礼划分体系与射礼类别归属

文献来源	古礼划分体系	一级类目	射礼归属
《周礼·春官·大宗伯》	五礼	吉、凶、宾、军、嘉	嘉礼
《周礼·地官·大司徒》	阳礼—阴礼	阳礼、阴礼	阳礼
《礼记·王制》	六礼	冠、昏、丧、祭、乡、相见	乡
《礼记·昏义》	八礼	冠、昏、丧、祭、朝、聘、乡、射	射
《礼记·礼运》	八礼	丧、祭、射、御、冠、昏、朝、聘	射
《大戴礼记·本命篇》	九礼	冠、昏、朝、聘、丧、祭、宾主、乡饮酒、军旅	宾主

由上表可知，在这六种礼类划分体系中，射礼均有自己的一席之地，且都在以内容命名之层级的第一层，往往与冠、昏、丧、祭等礼并列出现，射礼之重要性于此可见一斑。

---

① (汉)郑玄注、(唐)孔颖达等正义，吕友仁整理：《礼记正义》，第 882 页。
② 方向东师：《大戴礼记汇校集解》，中华书局 2008 年版，第 1292、1293 页。

民国时期《礼记》研究述略

郎文行*

摘　要:民国时期《礼记》研究文献,著述体裁多种多样,研究方法不拘一格,研究思想有着较为鲜明的时代特征。针对民国时期《礼记》研究的学术探讨,具有学术史研究和《礼记》研究的双重意义,中国大陆与台湾相关学者对民国时期《礼记》研究的文献爬梳与学术研究,已经不断展开并且逐渐深化。民国时期《礼记》研究在《礼记》考证、《礼记》经解、《礼记》通论等方面,都取得较好成绩,《礼记》考证研究可以看作传统经学与现代史学沟合的一个缩影;《礼记》经解研究,在清人经解基础上,仍然有所创获;《礼记》通论研究,体现了民国时期独特而鲜明的学术风潮。

关键词:民国时期;《礼记》研究;述略

民国时期是中国传统学术进行现代转型的重要阶段,该时期的经典研究如《礼记》等,踵接清代学术,又有独特的时代风貌。对民国时期《礼记》研究展开探讨,是经学史、礼学史研究的重要组成部分,同时也是《礼记》研究的应有之义。2014 年 9 月至 2017 年 6 月,笔者曾在导师方向东教授的指导下,以《民国时期〈礼记〉研究考论》为题,撰写博士学位论文,从《礼记》考证、经解、通论三个方面,对民国时期的《礼记》研究,作有一定程度的梳理考辨,揭示了民国时期《礼记》研究的部分内容和一些明显的特征。本文摘取学位论文中有关民国时期《礼记》研究的文献概况、学术价值、研究状况、基本评价几个方面,对民国时期的《礼记》研究稍作讨论,敬祈读者方家批评指正。

---

* 作者简介:郎文行,南京师范大学中国古典文献学博士,南京晓庄学院文学院讲师,主要从事礼学文献研究。

一、民国时期《礼记》研究文献概述

本文研究所称的民国时期《礼记》研究文献，是指民国时期学者关于《礼记》研究的各种著述，对于由清代步入民国或由民国步入中华人民共和国时期的学者，本文研究以他们在民国时期的著述为主要的考察对象，适当关注他们在此前或此后时期的学术著作。民国时期《礼记》研究文献的著录，以王锷老师《三礼研究论著提要》中民国部分最为完备。民国时期《礼记》研究文献的查考，当前有中国台湾学者林庆彰先生主编之《民国时期经学丛书》与内地学者耿素丽、胡月平先生选编之《民国期刊资料分类汇编·三礼研究》最为方便。《民国时期经学丛书》中《礼记》部分收录了民国时期《礼记》研究的各种出版著作，《民国期刊资料分类汇编·三礼研究》编选有民国时期各种报刊发表的《礼记》研究专题论文。另外，《晚清和民国报刊》等电子数据库，也可以查阅民国时期各类报刊所发表的《礼记》研究类论文。经过阅读，我们看到民国时期的《礼记》研究文献，著述体裁多种多样，研究方法不拘一格，研究思想有着较为鲜明的时代特征。

根据著述的类别、著述的时间，我们先将《民国时期经学丛书》中《礼记》类文献梳理如下：

（一）通论类著作

刘咸炘《治记绪论》，本着六经皆史的基本观点，提出摒弃《礼记》中曲文仪节类篇目，专取通论类如《礼运》《礼器》等内容，进而对《礼记》采用分理篇章、疏通经解的研治方法。蔡介民《礼记通论》考证了《礼记》成书与各篇目产生的时代，对《礼记》各篇目的大义进行了概括，也提出了分门别类地研治《礼记》的观点。唐文治《礼记大义》，汉宋兼采，强调礼学“救民命、正人心”的社会作用，梳理《礼记》各篇的大旨，论说其中的现实价值。

（二）通释类著作

如刘咸炘《读大小戴记小笺》对大、小戴《礼记》中部分篇目的章句义理进行阐发。廖平《礼记识》则以今文经学观点吸收进化论思想，对《礼记》进行文字疏解与校订等。又，南京图书馆藏有戴礼《礼记通释》[①]，为行文方便，

① 戴礼（1880～1934），女，浙江玉环人，著有《大戴礼记集注》《女小学》《礼记通释》等，其《礼记通释》刊于1933年，计80卷，总百万言。

亦略叙于此。此书是民国时期独有的一部《礼记》通释性著作，汇集郑注孔疏以下各家之说，包括《卫氏集说》所引诸家之解、朱熹《仪礼经传通解》、吴澄《礼记纂言》、陈澔《礼记集说》、李光坡《礼记述注》、方苞《礼记析疑》《钦定礼记义疏》、姜兆锡《礼记章义》、孙希旦《礼记集解》、王念孙《读书杂志》、王引之《经义述闻》、郭嵩焘《礼记质疑》等。

（三）札记条辨类著作

此类著作或阐发义理，或训诂文字，或考释名物，或解说礼制。如：刘咸炘《礼记温知录》，疏通章句，阐释义理；魏元旷《礼训纂》，训诂字词，解说礼制；简朝亮《礼记子思言郑注补正》以为《坊记》《表记》《缁衣》均为子思所作，而郑注间有不妥，为之补正三卷，又附《礼记》其他篇目以及《仪礼》《周礼》《大戴礼记》读书札记若干条。

（四）选本选注类著作

随着科举考试的废除、辛亥革命的爆发、五四运动的兴起、西方思想的大量涌入，经学在中国失去了政治思想领域的主导地位。《礼记》作为经典之一，在这样特定的时代环境之下，普通国人学习研究《礼记》，尤其是其中关于上古礼制的内容，应该抱有怎样的态度，这是民国学者必须面对的问题。与此同时，经典自身也在经历身份的转型，许多学者转而探求《礼记》中切关人格修养方面的伦理思想，并以此为基础而扩大《礼记》学习、研究的范围，这样一批选本选注就应运而生了。如杨钟钰《礼记撷要》、吴曾祺《礼记菁华录》、叶绍钧《礼记》、马通伯《礼记节本》、钱基博《礼记约纂》、王梦鸥《大小戴记选注》等集注和选注。其中王梦鸥《大小戴记选注》，以儒者论学“修己以安人”、《大学》纲目“修齐治平”为旨趣，将所选大、小戴《礼记》分为上、下两编，始于《大学》而终于《乐记》，上编为通论，下编为通礼，所谓“兴于诗、立于礼、成于乐”，所取篇目、所定篇次，内部有着相对完整而又严密的逻辑，代表了民国时期《礼记》选本的最高成就。

（五）《礼记》单篇研究类著作

此类著作数量最多，思想内容也较为复杂。譬如：廖平的《礼运三篇合解》《坊记新解》的今文经学解经思想，与《礼记识》基本相同。《礼运三篇合解》中，廖平以《礼运》本文为纲，将《礼器》《郊特牲》分置于《礼运》之下，形成一个以今文经学为本并吸收进化论思想、容纳近代新事物的说礼体系，冯友兰《中国哲学史》谓之为"旧瓶装新酒"①。方思仁的《礼运大同篇注释》指出"大同"与"大道"相同,其含义都是"太平",乃是孔子的根本政治抱负。他认为"大同"与"小康"在本质上并无区别,前者是不受时代限制的政治理想,后者是受时代限制的政治实效。他在文中进一步指出礼与大同社会的关系,认为礼是实现大同社会天下太平的不二途径。吕思勉的《大同释义》结合历史学的观点,论证大同社会曾于(皇帝)三皇五帝之时真实存在,并梳理了大同变而为小康而为乱世的内在逻辑。王树枏的《学记笺证》博引古书,对《学记》语词、名物进行了训诂、解说,是所谓"笺";训诂以外,王氏比较当时西方的教育思想与《学记》的异同,提出《学记》教育思想仍能切于世用,著作之中对晚清民国的学制作了较为具体的规划,是所谓"证"。姚明辉的《学记集义训俗》旨在通过汇集《学记》旧注,探讨《学记》大义,以对当时的西化弊病进行批评,从而达到"训俗"的目的。杜明通的《学记考释》将《学记》语词、文法、思想内容与《春秋繁露》进行比较,考定《学记》的作者为西汉董仲舒,是所谓"考";考证之后,也对《学记》经文进行疏通,其中不乏可以征信的见解,是所谓"释";除此以外,该书对《学记》的教育方法、教育目的也做了专门的论述。向宗鲁的《月令章句疏证序录》考证《月令》的来源,赞同汉代蔡邕之说,以为《月令》不取于《吕氏春秋》,《礼记》《吕氏春秋》俱取《月令》于《逸周书》,此书序录虽就,而疏证未能完成。徐仁甫的《儒行集释》,亦汇集众说,疏通经文。

以上是《民国时期经学丛书》所收录的有关《礼记》研究的著作概况。民国时期各种报刊发表的《礼记》研究论文,涉及《礼记》研究的多个方面,计有120余种,多为对《礼记》的单篇研究,我们按《礼记》篇次略叙代表性文章如下:

(一)《曲礼》类

马道远译、日本学者义内武熊著《曲礼考》,黄巩《〈礼记〉"为人臣之礼不显谏"与〈檀弓〉"事君有犯无隐"讲义》,章太炎《驳金氏五官考》三种。

(二)《檀弓》类

《春轩随笔——檀弓失实》、时鳌《檀弓非六国时人辨》、姚石子《檀弓志疑》等,皆辨《檀弓》记事不实。

---

① 参见冯友兰:《中国哲学史》,华东师范大学出版社2011年版,第331页。

（三）《王制》类

廖平《王制集说》、刘师培《王制篇集证》、黄镕《王制附庸考》、金德建《王制丛考》、邝平樟《〈礼记·王制〉及〈周礼·职方〉所言封国说比较》、郭汉三《〈王制〉〈职方〉封国说之不同及后儒之弥缝》。这几篇文章的内容，多探讨《王制》的来源问题，刘师培、金德建的观点是《王制》为汉文博士所作。

（四）《月令》类

《月令论》类论文大致可以分为两种：一为《月令》来源的研究，如刘师培《月令论》、杨宽《月令考》《今月令考》、王公贤《〈礼记·月令〉篇是否即〈明堂月令〉而郑注引〈今月令〉又为何书考》、容肇祖《月令来源考》、童书业《读容肇祖先生〈月令〉的来源考质疑》、蒙季甫《月令之渊源与其意义》等；一为《月令》的校勘训诂研究，如沈延国《〈吕氏春秋·十二纪〉〈礼记·月令〉〈淮南·时则训〉〈逸周书·时训解〉异文笺》、刘先枚《释月令马政之禁》、周候于《月令篇五化释误》等。

（五）《礼运》类

《礼运》类论文大致可以分为四种：一为《礼运》思想着重于“大同思想”的发挥与阐释，如康有为《礼运注》、廖平《大同学说》、沈艾孙《大同学说》、方竑《礼运说》、夏敬观《读礼运》、何崧培《从三民主义的观点上分析〈礼运·大同〉》、卢宗堉《礼运大同篇政治哲学的研究》等；二为《礼运》篇章的释义与解说，当然这种释义解说的目的，也是对《礼运》以及“大同思想”的发挥，如郑沅《礼运大道之行一节释义》、钱基博《读礼运卷头解题记》、高鸿缙《礼运大同篇五读》等；三为《礼运》思想着重于“大同思想”的来源考辨，如吴虞《儒家大同之义本于老子说》、金德建《思想史上之汉代礼运篇本质与汉代社会的研究》、王新民《礼运大同篇溯源》、任启珊《〈礼运·大同〉章辨源》、张学昭《〈礼运〉与孔子学说的分析》、周予同《大学和礼运》等；四为《礼运》篇章文字有无错简的考辨，如陶邵学《礼运错简考》、李翊灼《礼运大同小康章文并无错简议》、郭衮孟《〈礼运·大同〉章句错简辨正》等。《礼运》大同小康篇，自康有为将其与《春秋》公羊学之“三世说”相沟通，孙中山先生将其与三民主义结合以后，在民国时期影响颇大，对其阐释发挥的论文，管见所及就有四十余篇。上述四个方面的文献，内容互有交叉，整体上可以反映民国大同思想研究的动向：一为对康有为思想的申论与辨正；一为对孙中山思想的发挥，并以此衍生出其他政治哲学思想。

(六)《明堂》类

有陈焯《议院古明堂说》、杨宗震《明堂通考》、顾颉刚《阮元明堂论》、王治心《明堂制度与宗教》等。

(七)《学记》类

《学记》类论文也可以分为两个方面:一为《学记》经文疏通,如陈柱《学记通诠》、董文煜《礼记学记篇今释》等;一为《学记》与现代教育思想的相互比较,如马彭年《学记篇里的教育思想》、章廷俊《学记的教育制度与教学法则之剖析》、陈启天《学记通义》、郑其龙《学记中的教学原理与方法》。当然,这两个方面的内容也是相互联系的。

(八)《儒行》类

《儒行》类论文的内容主要是经文疏通,中间也有思想发挥,如陈景鎏《儒行衍义》、厉时中《儒行释义》、梦蝶《儒行通释》、陈柱《儒行集解》、章太炎《儒行大意》等。在民国风云突变新旧交替的时局中,《儒行》的思想为知识阶层的立身处世提供了极大的精神支持,这使《儒行》在民国期间得到了较多的关注。

民国时期的报刊论文,涉及的范围非常广泛,《礼记》其他篇目以及通论性的研究论文也比较多,限于篇幅,这里就不再过多叙述,具体的论文目录,详见文后附录。

民国时期关于《礼记》单篇研究的著作中,关于《大学》《中庸》的数量也比较多,《大学》《中庸》自宋代进入"四书"系统,在理学体系中占有重要地位,这是此类著作数量较多的原因。本文有关民国《礼记》文献的研究,属于礼学研究的范畴,旨在梳理民国时期《礼记》研究的学术史,解决《礼记》研究的基本问题,这与理学研究范畴的《大学》《中庸》文献研究,在研究的对象、方法与目的上,都有根本的不同。因此,本文对理学范畴的《大学》《中庸》著作,一般不作讨论。

二、民国时期《礼记》研究的学术价值

(一)学术史研究价值

《礼记》是儒家经典"十三经"之一,为七十子后学传经所记,其性质是配

合《仪礼》的辅助性资料。汉末郑玄注《周礼》《仪礼》《礼记》，撰《三礼目录》，后世遂有三礼郑氏学。《周礼》的内容是职官系统，著述之时可能有现实依据，但未必见诸实行。《仪礼》记载先秦时代大夫士阶层冠、婚、丧、祭、朝、聘、射、乡的各种礼节，这些礼节随着社会的发展，汉代已经不能完全采用。《礼记》的内容，或通论礼的产生与使用，如《礼运》《礼器》；或议论礼与政治的关系，如《哀公问》《孔子闲居》；或发明礼的教化作用，如《表记》《缁衣》；或说明礼的制作缘由，如《祭义》《昏义》《丧服四制》等。凡此种种，旨在说明礼的原理，因此《礼记》有着《大传》所谓之"不可得与民变革者也"[①]的意义，进而成为后世制礼损益变革的重要理论依据。随着时代的发展，《礼记》地位也得到不断的拔高，唐修《五经正义》，《礼记》已超越《仪礼》，成为官方指定的礼经。而历代学者对《礼记》的注释疏解也层出不穷，这都说明《礼记》在传统中国文化思想中占有非常重要的地位。

中国传统社会发展到清代，仍在以礼教为中心的经学思想主导之下逐步向前推进。然而彼时的西欧诸国却经历了文艺复兴、启蒙运动、工业革命，政治制度大多走上了民主发展的道路，科学技术更是取得了日新月异的进步，中西之间的差异或者差距，变得越来越为明显。两次鸦片战争，西方列强用坚船利炮打开了古老中国封闭的国门；中法战争、甲午战争、八国联军入侵等的一系列对外战争的失败，以及战后的割地赔款、开口通商，更让天朝上国的君臣上下颜面尽失；中西力量如此悬殊，给中国社会的知识阶层带来了巨大的心理震动。白银外流，战争失败，政治落后，国家的积贫积弱，直接引发了当时知识阶层对本国思想文化、政治制度的反思。"睁眼看世界"时的"师夷长技以制夷"，"洋务运动"时的"中体西用"，"戊戌变法"时的"维新改制"，以及此后的"预备立宪"与"辛亥革命"，都是这种文化政治反思的结果，这一历史阶段李鸿章称之"实为数千年来未有之变局"[②]。"预备立宪"废除了实行一千多年的科举考试选拔制度，"辛亥革命"更是一举推翻了沿袭数千年的封建君主政治制度，传统经学从此走下政治神坛，失去了思想领域的统治地位。

《礼记》作为经典之一，既然在传统社会中占有如此重要的地位，又面临如此巨大的社会变局，在新的时代环境之下，遭受了怎样的待遇？知识阶层

---

① 郑玄注、孔颖达疏：《礼记正义》卷三十四，《十三经注疏》，中华书局 1980 年版，第 1506 页。

② 李鸿章：《筹议海防折》，《李鸿章全集 · 奏稿》，时代文艺出版社 1998 年版，第 1063 页。

是否仍旧对它进行研究？如果仍旧对它进行研究，这种研究又曾发生过怎样的变化、呈现出怎样的面貌？这是经学研究或者史学研究都不能回避的问题。根据以上的文献综述，我们可以看到，《礼记》作为经典虽然失去了思想统治地位，但它仍能够对当时的社会思想与生活产生影响，其中关于人格修养、道德完善以及治国理政的观念，大部分仍旧能够为人们所认同，毕竟经典的内涵不会因为一时的政治变化而立刻消解，民国时期的《礼记》研究仍在继续。因此，我们以为，对民国时期的《礼记》文献进行梳理、研究，进而勾勒民国时期《礼记》研究的学术面貌，是研究中国礼学史的必要，也是研究整个民国学术史的一个部分。这种研究不仅能为中国礼学史、民国学术史的研究提供较为可靠的资料，而且还能给当代的《礼记》研究提供一定的借鉴。

（二）《礼记》研究的价值

《礼记》成书于汉代，但其成书的具体过程以及具体篇目的来源，历来就争讼难息不能确定。郑玄以后，历代学者对《礼记》的疏注，虽然种类繁多、数量巨大，但由于语言文字、名物制度等的古今差异，《礼记》的文本解读至今仍然存在较多疑难。随着时代的变化，不同学者在其特定的历史环境之下，因其不同的学术立场与研究方法，对《礼记》作出的不同阐释，难免也会带来新的问题。这些都构成《礼记》研究的基本内容，虽经历代学者的反复探讨，但这些基本问题仍旧很难说已经得到了彻底解决。因此，研究民国时期有关《礼记》研究的文献，本身也是对《礼记》的研究。

民国礼学踵继清代朴学与晚清今文经学，有着良好的学术积累，在巨大的时代变局之中，又能广泛地接触新的知识、思想与方法。就我们阅读的文献来看，民国学者对《礼记》研究的各个方面均有涉及，对具体的问题，往往还能够提出新的意见，这为《礼记》基本问题的解决提供了更多的思路，对《礼记》研究有着较高的参考价值。比如《礼记》语词训诂、礼制解说、经义阐发等，民国学者每于郑、孔之间，提出新的观点。

《乐记》之“声”“音”“乐”“清浊”“小大”“曲直”“繁瘠”“廉肉”等音乐术语的具体含义，旧注往往语焉不详。张清常《乐记之篇章问题及所用音乐术语》一文，根据古书材料，从现代音乐学的角度，对上述的几个术语的含义作了详细的探讨，如其释“清浊”：

> 《乐象》篇云：“倡和清浊，迭相为经”，郑注：“清谓蕤賓至应钟也，浊谓黄钟至中吕。”案郑注不惟呆板，且未必与本文所谓“倡和”之情形相应。《吕氏春秋·适音》篇：“太清则志危。”“太浊则志下。”高诱未注。

《左传·昭公二十一年》："清浊、大小、长短、疾徐、哀乐、刚柔、迟速、高下、出入、周疏，以相济也。"杜注除"周密也"外，余均无说。考《太平御览》五七七引蔡邕《月令章句》云："凡弦急则清，慢则浊。"又五八□引《乐纂》云："歌声浊者用长笛长律，歌声清者用短笛短律。"又五八一引《通礼义纂》云："蔡邕曰：管长则浊，短则清。"可知笛短管，旋律急，则震动数多，斯乃高音，是为"清"。笛管长，旋律缓，则震动数少，斯乃低音，是为"浊"。①

今按：张氏谓"可知笛短管，旋律急，则震动数多，斯乃高音，是为'清'。笛管长，旋律缓，则震动数少，斯乃低音，是为'浊'"，确实堪称的论，值得重视。

《曲礼》："男女不杂坐，不同椸枷，不同巾栉，不亲授，嫂叔不通问，诸母不漱裳，外言不入于梱，内言不出于梱。女子许嫁缨，非有大故不入其门。姑姊妹女子子已嫁而反，兄弟弗与同席而坐，弗与同器而食，父子不同席。"郑注："父子不同席"谓"异尊卑也。"孔疏："兄弟弗与同席而坐者，虽已嫁及成人，犹宜别席。不云姪及父，唯云兄弟者，姪、父尊卑礼殊，不嫌也。"②"父子不同席"，郑注未明此"子"字指男子、女子或兼指男女。如孔疏"姪、父尊卑礼殊，不嫌也"之义，则父与女子子，因为尊卑礼殊可以同席，而本经"父子不同席"则专据男子而言。然本节经文，自上而下均说男女之别，孔疏说"父子不同席"为父与男子不同席，似与经文不类。简朝亮《礼记子思子言郑注补正》，于此申明郑注谓：

> 谨案《表记》曰"父子不同位，以厚敬也"。夫席之位有上下不同，则异尊卑也，此自男子言之。其不同位者，岂必不同席乎？今曰"父子不同席"，此承上文已嫁而反者之言女子子也。盖女子自父言之，则为女子子，斯父子也，故曰"父子不同席"。③

今按：简氏说此条礼制，以为"父子不同席"指父与女子不同席，兼顾上下文义，颇长于孔疏。

《礼器》："礼，时为大，顺次之，体次之，宜次之，称次之。"郑注："言圣人

---

① 张清常：《乐记之篇章问题及所用音乐术语》，《中山文化季刊》第1卷，第3期，第396～403页，1943年。

② 郑玄注、孔颖达疏：《礼记正义》卷二，《十三经注疏》，中华书局1980年版，第1241页。

③ 简朝亮：《礼记子思子言郑注补正》，《民国时期经学丛书》第六辑，第34册，台湾文听阁图书有限公司2013年版，第288页。

制礼所先后也。"孔疏：

> 礼时为大者，揖让干戈之时，于礼中最大，故云时为大也。顺次之者，虽合天时，又须顺序，故顺次之也。体次之者，有时有顺，又须小大各有体别也。宜次之者，大小虽有体，行之又须各当其宜也。称次之者，称犹足也，行礼又须各自足也。[①]

刘咸炘谓："此五义乃制器仪之原理，原文虽有解说，而言太浑，旧说遂泛以礼之原理解之，不见分别，如体为体统、顺为次序，及宜之与称，皆成同义异名不见分别。"其《礼记温知录》详解此文：

> 盖所谓时者，合天时也，如因天地变易而定期与三年之丧，因春露秋霜而制禘尝之礼是也；顺者，顺人情也，如始死哭踊无节、余阁之葬是也；体者，体物德也，如郊器用陶匏、明水象主人之洁是也，《荀子》所谓"贵本之谓文"亦在此中；宜者，依事宜也，如杖以扶病、铭旌以识死者是也，《荀子》所谓"亲用之谓理也"。天时统一切事物，故为首；人情为礼之本，故次之；物德事宜又次之；皆自然也。若称者，则非依自然，不过为之等差以别贵贱耳。……祭天特牲，体也，此固无关天时、非依人情、非为事便、亦非以示别，乃因天德大而精，观天下之物，无可以称其德者，故以此独特混全者象之。天子七月而葬，诸侯五月，大夫三月，宜也，此固非天时应如此，亦非有所象，若论人情，则孰不愿迟葬，岂诸侯以下之于父母每下愈薄乎？然事必如是乃便，天子须待同轨之至，诸侯止待同盟之至，而大夫更无须也……五义中顺宜二义，最易见而尤不待言，最难解者惟体，故礼中所解如《郊特牲》等篇宜最少而体为最多，《荀子》所谓"贵本尚质特有取义"者大多此类。又礼中器数之繁属于顺、宜、体不多，而最多者惟称，礼家既习于此，故特详于等差，自荀卿以降，皆注意于此，偏辨尊卑遂流于法家矣。[②]

刘氏于此详辨"时、顺、体、宜、称"之分别，说明礼仪、器物制作的缘由，条分缕析事类分别，较之孔疏尤为明切。

民国学者对《礼记》的研究，并不局限于训诂、礼制、经义等方面，对《礼记》的成书与篇章来源的考证，使用的方法更加多元，比以往的讨论也更加深入。《礼记》成书的讨论，有蔡介民《礼记通论》、洪业《礼记引得序》、童书

---

① 郑玄注、孔颖达疏：《礼记正义》卷二三，《十三经注疏》，中华书局 1980 年版，第 1431 页。

② 刘咸炘：《礼记温知录》，《民国时期经学丛书》第六辑，第 32 册，台湾文听阁图书有限公司 2013 年版，第 26 页。

业《二戴礼记辑于东汉考》等。篇章的考证，涉及《王制》《月令》《礼运》《乐记》《学记》等篇目。民国学者的考证，均能在过去学者讨论的基础上，运用更新的材料或更新的方法，提供更为具体的结论，其中许多观点也为现代学者继承或者发展。以下正文于此有详细的讨论，这里就不再赘述了。

三、民国时期《礼记》研究的现状

当代对民国时期《礼记》学文献的专门研究，尚未出现一部系统的著作。但对民国礼学的关注，早在 2007 年，就有山东师范大学盖志芳硕士论文《民国礼学的历史考察》，考察民国礼学的概况。该文旨在“从学术史角度考量礼经，从政治史角度考量礼制，从思想史角度考量礼教——从整体上考察‘礼学’在民国时期由传统向近代之转型轨迹”[①]，它共分八个章节：民国礼学文献的统计、民国礼学文献考证、民国礼制研究、民国礼学思想研究、民国礼制规范、民国礼教批判、民国礼俗嬗变、民国礼学品鉴等。

该文民国礼学文献的统计主要包括民国公私书目对礼学文献的著录、民国时期礼学文献的刊刻（包括再版和新著）、民国礼学书籍的出版与论文的发表。礼学文献考证，梳理了民国学者对《周礼》《仪礼》《礼记》等书的撰作时代、作者、性质、价值以及子目相关问题考证的主要观点。民国礼制研究，概述了民国学者对职官制度、婚姻制度、丧葬制度、宗法制度、祭祀制度、名物制度、司法制度等具体礼制研究的结论。民国礼学思想，包括民国学者对礼的起源与内涵的探究、礼书字词篇章的考释、古礼的批判继承、礼学的近代化等内容。民国礼制规范，包括南京临时政府对旧礼的变革、袁世凯政府的复礼活动、南京国民政府的礼制改革活动等。民国礼教批判，主要探讨了新派学者对礼教、三纲的批判。民国礼俗嬗变，考察了民国社会风俗的变迁。民国礼学品鉴主要讨论了民国礼学的特色与价值。总体来看，该文从历史学的角度，对民国时期礼学涉及的基本问题作了较为详细的梳理；在研究传统礼学的同时，对国民政府的礼制改革与民国社会礼俗的变迁给予了足够的关注，这些都为民国礼学的深入研究提供了非常有益的参考。

从《礼记》研究的角度来看，该文梳理了民国学者对《礼记》成书和篇章来源以及部分礼制的讨论，为读者了解民国《礼记》的研究提供了较为丰富、准确的资料。该文关于这三个方面的研究，也是本文研究《礼记》文献的必要内容，我们将在该文梳理的基础上，详细考察民国学者考证《礼记》使用的

① 盖志芳：《民国礼学的历史考察》，山东师范大学硕士学位论文，2007 年，论文摘要。

各种资料，分析不同学者的论证方法，总结不同学者观点差异的原因，结合当代学者对《礼记》考证的探讨，对民国学者的《礼记》考证予以适当的定位，为《礼记》考证提供新的资料。

此后，对民国礼学的研究，无论资料的梳理，还是重要学者的个案研究，均取得很大成就的是中国台湾林庆彰先生主持的“民国以来经学之研究”科研计划。该计划始于2007年，分别研究民国时期(1912～1949)、中华人民共和国时期(1949～2004)的经学概况。截至2012年，针对民国时期的经学研究，共有八次学术会议展开，提交专题论文计134篇，结集为《变动时代的经学与经学家：民国时期(1912～1949)经学研究》，于2014年12月由中国台湾万卷楼图书股份有限公司出版发行。其中有关“三礼”部分，有商瑈《南菁书院与张锡恭的礼学》、程克雅《晚清民初学者曹元忠(1865～1923)之礼学初探》《晚清民初学者曹元弼(1867～1953)之礼学诠释》、曾圣益《清末民初的复礼主张——曹元弼、曹元忠与张锡恭的礼说要义》、陈韵《黄侃礼学论著初探》《黄侃礼学经典诠释(一)——〈礼学略说〉版本及其校勘》《黄侃礼学经典诠释(二)——〈礼学略说〉笺释》、许子滨《陈汉章〈《周礼》行于春秋时证〉析论》、郑宪仁《郭沫若〈周礼〉职官研究之探讨》、周少川《吴承仕〈经典释文序录疏证〉》、许振兴《民国时期香港的经学——陈陶伯的〈孝经说〉》、周德良《刘师培〈白虎通义源流考〉辨》《洪业〈白虎通引得序〉辨》、梁秉赋《变动时代的经学——从周予同谶纬研究的视角考察》《变动时代的经学——从顾颉刚的谶纬观考察》等15篇论文。在此科研计划执行之前，林庆彰先生已经开始着手民国经学资料的搜集工作，其主编的《民国时期经学丛书》已于2008～2013年由文听阁图书有限公司相继出版发行，是当前民国时期礼学著作收录最为完备的丛书。

该计划的研究成果对民国时期重要礼学家的礼学著作、学术思想、治学方法作了深入探讨，为我们研究进一步研究民国礼学提供了有益的借鉴。从该计划论文集的收录情况来看，他们对民国“三礼”学的研究主要集中在《周礼》《仪礼》两个方面，而关于《礼记》的研究却相对较少。

中国内地2011年度国家社科基金项目有西南财经大学潘斌先生主持的“20世纪中国三礼学史”(11XZS020)，亦关注民国礼学的研究。该项目自立项以来，至本文选题之时，通过网络可以看到的研究成果有《皮锡瑞三礼学的今文经学观》《论皮锡瑞的郑学研究》《刘师培三礼学之古文经学观》《吴之英仪礼学刍议》等论文。2016年6月，潘斌先生出版《二十世纪中国三礼学史》一书。该书体大思精，对民国时期的《礼记》研究的各种学术史现象均有所关注。就学术史的梳理与研究来看，潘斌先生的成就固当是卓越的，然阅读此书的感受是，《礼记》学基本问题的论证与探讨，似乎并不是潘先生著述所关注的重点。

综上所述，我们可以看到民国时期的《礼记》研究，较少类似清代中期重要礼学家倾注大量精力的著作，故而不易引起学界的关注。《礼记》内容本身非常复杂，民国学者研究《礼记》的角度与方法又呈现出一种多样性的特点，这导致民国时期《礼记》研究资料出现分布零散、系统性也不是很强的局面，无疑为民国时期的《礼记》学的研究增加了难度。这些因素可能是当前对民国《礼记》学研究尚未深入的原因，也是本文选题的需要克服的难点之一。因此，民国时期《礼记》学的研究，尚有较大研究空间可以利用，完全可以进一步深入探讨，这也是本文选题的依据之一。

四、民国时期《礼记》研究评价

本文研究主要采用文献学与语言学相互结合的方法，包括目录学、版本学、校勘学、辨伪学、文字学、音韵学、训诂学等，以梳理民国时期《礼记》研究学术史与讨论《礼记》研究基本问题为研究思路，力求在研究民国时期《礼记》文献的基础上，为《礼记》研究基本问题的解决提供新的看法、思路或材料，并对民国时期的《礼记》研究作出合理的评价。结合《礼记》学研究的基本内容与民国时期《礼记》研究的实际情况，考虑时间、精力、学力等方面因素，本文研究的内容主要包括民国时期《礼记》文献的综述、民国学者对《礼记》成书以及篇章来源的考证、民国学者对《礼记》经注的训解、民国学者对《礼记》的文化定位与研究方法的探讨等几个方面，并以此为依据初步讨论民国时期《礼记》研究的成就、局限与影响等。

（一）民国时期《礼记》考证研究评价

在以“价值判断”为主导的经学时代，《礼记》研究的重心在于经义的阐释与发挥，以被视作“礼学津梁”的郑注来看，郑注的内容主要在于文字校勘、语词训诂、名物解释、礼制解说、礼义发掘等方面，这也是后来《礼记》研究的基本内容。《礼记》考证的研究，在传统经学的研究领域中并不能算是《礼记》学研究的重心，《礼记》郑玄注以及《经典释文叙录》《隋书·经籍志》《初学记》《通典》等典籍有关《礼记》成书或篇章来源等的记载，不过是学者各就所闻而对《礼记》渊源作出的一种交代，并不能看作严谨的学术判断，当然，他们的看法未必没有依据或者仅是空穴来风。《礼记》考证的研究真正成为《礼记》学研究中的重要命题，当是清代考据学出现以后的事情，我们在对学术史资料的梳理中明显可以看到，清代重要学者对《礼记》考证的研究都有不同程度的参与，对各种问题也提出过不同的意见，使得《礼记》考证的研究得到不断深入。尽管如此，他们研究《礼记》的内容最终仍旧以郑注的内容为依归，《礼记》经义的阐释与发挥，始终是清代学者研究《礼记》最为重要的内容。随着清代今文经学的产生与发展，《礼记》考证的研究又与晚清经学“今古文之争”相纠合联系，这也导致《礼记》考证本来的疑案也因之变得更为复杂。

清朝末年经学退出科举考试、民国初年经学作为学科退出学制之后，踵接清代考据学与今文学的经学将走向何处，成为民国时期新派学者面临的现实问题。在学术转型的过程中，继章学诚“六经皆史”思想之后，出现了梁启超《中国近三百年学术史》中所提出的以经学为史学、胡适在《章实斋年谱》中所提出的“六经皆史料”、傅斯年在《历史语言研究所工作之旨趣》中所提出的“历史学只是史料学”等学术思想，这对经学的研究产生了极大的影响，直接使《礼记》的研究走出经学的框架，从而变成史学研究的材料。因此，在经学体系下并不是《礼记》学重心的《礼记》考证研究，越而成为新的历史条件下《礼记》研究的头等大事，《礼记》成书与篇章来源的考定，尤其是过去聚讼难息的公案的解决，成为史学层面或史料层面《礼记》研究的中心话题。换句话说，《礼记》考证的研究已经成为经学史或礼学史研究不能回避的命题，而且其中诸如《月令》来源等问题，还与中国上古史的研究与重建息息相关。这是民国时期《礼记》研究的基本学术背景，也是这一时期重要学者如王国维、章太炎、刘师培、顾颉刚、童书业、洪业等对《礼记》考证问题都有较多参与的缘由；20 世纪 80 年代以后，《礼记》考证问题能够得到持续讨论，应当也与此有关系。因此，民国时期的《礼记》考证研究，可以看作清代考据学与现代历史学相互沟通的一个缩影。

民国时期《礼记》考证研究的成就或意义，可以从以下几个方面概括：首先，民国学者对问题本身的探讨，使《礼记》成书、《月令》来源、《今月令》出处、《王制》作者、《学记》作者等问题有了一个较为具体的答案，尽管不同学者的答案各有不同，但都为问题的解决提供了参考与思路。其次，民国学者研究《礼记》考证问题的过程中，对前代学术尤其是清代学术进行了较为细致的检讨、总结，如钱大昕有关大、小戴《礼记》四十六（四十九篇去除重复三篇）、八十五篇目数量之和，正与《汉志》古《记》百三十一篇之数相同的说法，清代今文学家认为《王制》为“孔子素王改制之作”等说法，都得到了民国学者的否定，并成为此后学者的共识。再次，民国学者对《礼记》考证问题，如《礼记》的成书到底是在东汉还是西汉，《月令》出自《周书》还是《吕纪》，《王制》是不是汉文帝博士所作等的论辩，其观点或同时诸贤大相径庭，或异代学者针锋相对，这使他们在往返讨论的过程中，对文献史料发掘、钩稽的范围非常广泛，而且常常出现对同一史料有着不同解读的现象，这不仅充实了《礼记》研究的史料，而且还深化了学者对史料价值的认识。当然，从当前学术发展的事实来看，民国学者对《礼记》考证具体问题的研究也存在一些局限。比如“古史辨”派学者对《礼记》成书、《月令》来源等的怀疑、讨论，只能作为一时的学术风潮来看待，而并不能成为具体问题的结论。又如民国学者对诸如《王制》作者、《今月令》出处、《学记》作者等问题的研究，也有继续讨论的空间与余地，都属于这种情况。

（二）民国时期《礼记》经解研究评价

与《礼记》考证问题成为民国时期《礼记》学研究中心议题的事实相比，民国时期《礼记》经解的研究，无论规模还是影响，似乎并未出现波澜壮阔的画面。清代经学可称全盛，梁启超在《中国近三百年学术史》中尚且感叹清代并未出现一种《礼记》新疏，而在经学转型或者说经学面临瓦解危机的民国时期，《礼记》经解的研究不能超越清代，出现一部媲美《仪礼正义》《论语正义》《孟子正义》《周礼正义》等新疏的著作，也就并不是非常奇特的事情了。因为新的学术体系的构建，又已成为此时学者所需完成的新的历史任务，《礼记》经解的研究似乎不是新派学者特别重视的内容。

然而这一时期的《礼记》经解研究并未停止，重要的著作有戴礼《礼记通释》、廖平《礼记识》、简朝亮《礼记子思子言郑注补正》、魏元旷《礼训纂》、刘咸炘《礼记温知录》等数种以及其他相关的零散论文，同时也有不少选本选注类通俗读物出现。本文研究以简朝亮、魏元旷、刘咸炘三种著作为例据进行讨论。总体来看，这三种经解著作的研究方法承继了传统经学考据与经义阐发的基本路径，其成就主要体现在辨正旧说或发明新义两个方面，此外，刘咸炘《礼记温知录》在解经方法上也有所创新。再考虑戴礼《礼记通释》对《礼记》经解的搜集工作，民国时期《礼记》经解研究的成就又可以加上汇聚前说的一项。本时期《礼记》经解的局限也很明显，比如简氏、魏氏书中对旧有经说的辨正偶有不妥，他们提出的新的意见，部分条目亦有失当之处，当然这也是任何经义训释都会出现的问题。因而民国学者有关《礼记》经解研究的努力，仍待大力表彰。历代《礼记》经解著作汗牛充栋，民国时期的《礼记》经解著作尚未引起较多关注，其学术价值仍可继续发掘，这也是本文研究尚需继续努力的方向。

(三)民国时期《礼记》通论研究评价

民国时期《礼记》通论著作是在本时期经学转型与学术新变的历史条件下产生的,他们讨论的内容是《礼记》作为经典,在新的时期应该有着怎样的文化地位,以及研究《礼记》应该持以怎样的目的、采取怎样方法等。通过对刘咸炘《治记绪论》、蔡介民《礼记通论》的梳理,我们看到他们对《礼记》的认识,均是基于经学研究与史学研究的沟通互动而展开。

刘咸炘《治记绪论》的理论源于章学诚"六经皆史"的学术思想,刘咸炘对章学诚"六经皆史"理论中"史"的内涵进行了补充发展,修正了章学诚关于《易》属于史科的观点,并将六经与群籍按照事、理、情的标准进行分类,认为《礼记》作为《礼经》传记,与先秦诸子之书异体同实,均是说理之文,属于"理"的范畴,进而将《礼记》的体裁定为"儒门丛书",将《礼记》的宗旨定为"儒门大义"。刘咸炘认为《礼记》最有价值的部分在于《礼运》《礼器》等说理通论之文,诸如《曲礼》《少仪》等有关礼文仪节的篇目,与《仪礼》一样属于"事"的范畴,是研究《礼记》应当摒弃排除的部分,二者之间有着根本的区别。这样他对《礼记》大义的概括,仍然不能脱离传统礼教的思想,《礼记》作为经典的地位仍然没有动摇,不过是《礼记》研究的方法应该得到改进。基于这样的认识,刘咸炘提出的研究《礼记》"理篇""理章"的方法,并在《礼记温知录》中进行尝试。

蔡介民《礼记通论》对《礼记》的认识,与民国时期现代史学观念的发展与传播密切相关。在民国时期的经学转型的历史背景下,梁启超在《中国近三百年学术史》中提出《礼记》研究可纳入史学研究的范围,将《礼记》视作史学研究的材料的观点。胡适在《章实斋年谱》中也将章学诚"六经皆史"的命题发展为"六经皆史料",并在《新思潮的意义》中提出"整理国故"的观点与方法。这样《礼记》作为史学研究的史料,就有了完整的学术理论作为支撑,李安宅《仪礼与礼记之社会学的研究》就是在这样的学术思想背景下产生的。蔡介民《礼记通论》对《礼记》的认识,正是对民国时期学术新潮的吸收与利用,而其有关《礼记》成书与篇章来源的观点,则又受"古史辨"学术思想与方法的影响。

因此,我们可以将《治记绪论》与《礼记通论》看作"六经皆史"这一理论发展到民国时期,对《礼记》研究产生影响的两个方面。刘咸炘基于"六经皆史"的理论,将《礼记》的研究范围极度缩小,最终只能剩下《礼运》《礼器》之类有限的通论篇目。民国时期现代史学理论的产生,既有"六经皆史"传统学术的学理内涵,又受西方现代学术思想的熏染。在这种新的史学理论的影响下，蔡介民《礼记通论》所揭示的《礼记》研究，得以走出经学研究的框架，其研究的范围则变得非常广阔。两相对比，我们可以看到，刘咸炘的《礼记》学思想显得相对保守。这是民国时期学术新变在《礼记》研究方面显示出的两个表现。

刘咸炘的《治记绪论》中所反映的礼学思想，现代以后并未得到广泛的关注，应当与其保守的态度有关。蔡介民《礼记通论》所反映的研究《礼记》的思想、方法等，在当代的学术研究中仍有很大影响，钱玄先生在《三礼通论》前言中说“现在学习、研究三礼，亦即研究上古文化史，就是整理这些上古文化史史料，考订各种礼制的内容及其产生、发展变化的情况，从而对这些文化史料作出合乎历史发展的结论”，应当就是民国时期学术思想的延续。同样，《礼记》作为史料，在当代不同学科的研究中也得到了广泛的应用，比如西安交通大学出版社 2013 年出版的卢静先生所著《礼记文学研究》，就是其中的一例。由此可见，民国学者对《礼记》研究思想、方法的探讨，仍有强大的生命力。

附录一：民国时期《礼记》研究著作

1. 刘咸炘：《治记绪论》，《民国时期经学丛书》第六辑，第 33 册，1928 年。

2. 唐文治：《礼记大义》，无锡国学专科学校排印本，1933 年。

3. 蔡介民：《礼记通论》，《民国时期经学丛书》第四辑，第 31 册，1941 年。

4. 吴曾祺：《礼记菁华录》，《民国时期经学丛书》第六辑，第 33 册，1915 年。

5. 廖平：《礼记识》，《民国时期经学丛书》第一辑，第 38 册，1921 年。

6. 叶绍钧：《礼记选注》，《民国时期经学丛书》第四辑，第 31 册，1926 年。

7. 魏元旷：《礼训纂》，《民国时期经学丛书》第六辑，第 32 册，1932 年。

8. 戴礼：《礼记集释》，北京西苑出版社排印本，1935 年。

9. 刘咸炘：《礼记温知录》，《民国时期经学丛书》第六辑，第 32 册，1936 年。

10. 刘咸炘：《读大小戴记小笺》，《民国时期经学丛书》第五辑，第 35 册。

11. 王梦鸥：《大小戴记选注》，《民国时期经学丛书》第五辑，第 35 册，1944 年。

12. 马通伯：《马通伯先生礼记节本》，《民国时期经学丛书》第六辑，第 35 册。

13. 钱基博：《礼记约纂》，《民国时期经学丛书》第六辑，第 33 册。

14. 杨钟钰:《礼记撷要》,《民国时期经学丛书》第六辑,第 35 册。

15. 向宗鲁:《月令章句疏证叙录》,《民国时期经学丛书》第一辑,第 38 册,1945 年。

16. 廖平:《礼运三篇合解》,《民国时期经学丛书》第一辑,第 38 册,1918 年。

17. 江希张:《新注礼运白话解说》,《民国时期经学丛书》第五辑,第 33 册,1909 年。

18. 方思仁:《礼运大同篇注释》,《民国时期经学丛书》第五辑,第 34 册,1947 年。

19. 吕思勉:《大同释义》,《民国时期经学丛书》第五辑,第 34 册,1935 年。

20. 陈梦韶:《大同新论》,福建永安中国学术出版社 1944 年版。

21. 王树枏:《学记笺证》,《民国时期经学丛书》第五辑,第 33 册,1914 年。

22. 姚明煇:《学记集义训俗》,《民国时期经学丛书》第四辑,第 32 册,1918 年。

23. 杜明通:《学记考释》,《民国时期经学丛书》第四辑,第 32 册,1943 年。

24. 廖平:《坊记新解》,《民国时期经学丛书》第一辑,第 38 册,1921 年。

25. 石永楙:《大学中庸礼运三经正》,《民国时期经学丛书》第五辑,第 33 册,1942 年。

26. 徐仁甫:《儒行集释》,《民国时期经学丛书》第五辑,第 33 册,1941 年。

27. 简朝亮:《礼记子思子言郑注补正》,《民国时期经学丛书》第六辑,第 34 册,1920 年。

附录二:民国时期《礼记》研究论文

1. 王仁俊:《礼记篇目考》,《国故》1919 年第 1 期。

2. 高步瀛:《三礼学制郑义述》,《国学丛编》1931 年第 1 卷第 4 期。

3. 高步瀛:《三礼学制郑义述(续前)》,《国学丛编》1932 年第 1 卷第 6 期。

4. 吴承仕:《郑氏禘给义(附表)》,《国学论衡》1934 年第 4 期(上)。

5. 顾畅生:《礼记大学郑注讲疏自序》,《学术世界》1935 年第 1 卷第

4 期。

6. 童书业:《二戴礼记辑于东汉考》,《浙江图书馆馆刊》1935 年第 4 卷第 2 期。

7. 钱玄:《三礼名物图表》,《国学论衡》1935 年第 5 期(上)。

8. 洪业:《礼记引得序——两汉礼学源流考》,《史学年报》1936 年第 2 卷第 3 期。

9. 李源澄:《小戴礼记补注叙录》,《学术世界》1936 年第 2 卷第 1 期。

10. 沈延国:《读书杂录——读礼记》,《制言》1937 年第 40 期。

11. 沈延国:《读书杂录——读礼记(续)》,《制言》1937 年第 40 期。

12. 许国霖:《礼记音义》,《敦煌石室写经题记与敦煌杂录》,上海商务印书馆 1937 年版。

13. 王桥安:《礼记全经要义》,《教育学报(北京)》1940 年第 5 期。

14. 吕思勉:《论二戴之礼记》,《群雅》1940 年第 1 集第 5 卷。

15. 龚向农:《礼记郑氏义疏发凡(续第一期)》,《志学》1942 年第 3 期。

16. 陶希圣:《荀子与礼记所说的"太一"》,《文化先锋》1942 年第 1 卷第 11 期。

17. 赵世懿:《礼记新研究》,《亚洲文化论丛》1942 年第 1 期。

18. 王梦鸥:《礼与大一》,《文化先锋》1943 年第 2 卷第 7 期。

19. 龚向农:《礼记郑氏义疏叙例(续)》,《礼乐半月刊》1947 年第 5 期。

20. 黄巩:《〈曲礼〉为"人臣之礼不显谏"与〈檀弓〉"事君有犯而无隐"讲义》,《船山学报》1934 年第 6 期。

21. 章太炎:《驳金氏五官考》,《制言》1935 年第 6 期。

22. [日]义内武雄著、马导源译:《曲礼考》,《中兴》1937 年第 2 卷第 5 期。

23. 姚石子:《檀弓志疑》,《国学汇编》1923 年第 1 期。

24. 时鳌:《檀弓非六国时人辨》,《安徽文献》1948 年第 4 卷第 4 期。

25. 刘师培:《王制篇集证(未完)》,《国粹学报》1907 年第 3 卷第 11 期。

26. 廖平:《王制集说——王制集说凡例》,《四川国学杂志》1913 年第 9 期。

27. 黄镕:《王制附庸考》,《国学荟编》1915 年第 8 期。

28. 邝平樟:《〈礼记·王制〉及〈周官·职方〉所言封国说之比较》,《禹贡》1934 年第 1 卷第 5 期。

29. 郭汉三:《〈王制〉〈职方〉封国说之不同及后儒之弥缝》,《禹贡》1934 年第 1 卷第 5 期。

30. 吴承仕:《王制疏证自序》,《制言》1936 年第 8 期。

31. 金德建:《王制丛考》,《制言》1939 年第 57 期。

32. 罗孔昭:《王制考证自序》,《志学》1942 年第 2 期。

33. 刘师培:《月令论》,《四川国学杂志》1913 年第 11 期。

34. 周候于:《月令篇五化释误》,《苏中校刊》1932 年第 2 卷第 71 期。

35. 王公贤:《〈礼记·月令〉篇是否即〈明堂月令〉而郑注引〈今月令〉又为何书考》,《民大中国文学系丛刊》1934 年第 1 卷第 1 期。

36. 杨宽:《今月令考》,《制言》1935 年第 5 期。

37. 容肇祖:《月令的来源考》,《燕京学报》1935 年第 18 期。

38. 童书业:《读容肇祖先生"月令的来源考"质疑》,《益世报·读书副刊》(天津)1936 年第 38 期。

39. 沈延国:《〈逸周书·时训〉〈吕览·十二纪〉〈礼记·月令〉〈淮南·时则〉异文笺自序》,《制言》1935 年第 3 期。

40. 沈延国:《〈吕氏春秋·十二纪〉〈礼记·月令〉〈淮南·时则训〉〈逸周书·时训解〉异文笺》,《制言》1940 年第 61 期。

41. 杨宽:《〈月令考〉(附表)》,《齐鲁学报》1941 年第 2 期。

42. 蒙季甫:《月令之渊源与其意义》,《图书集刊》1945 年第 6 期。

43. 刘先枚:《释〈月令〉马政之禁》,《史地丛刊》(湖北沙市)1947 年第 23 期。

44. 刘咏溱:《〈礼记·月令〉〈吕览·十二月纪〉异同考序》,《国立中正大学校刊》1948 年第 6 卷第 5 期。

45. 许超:《节读〈礼记·文王世子篇〉释义》,《新医药刊》1940 年第 95 期。

46. 姚寅顺:《礼运说》,《国学丛刊》(南京)1924 年第 2 卷第 2 期。

47. 陈祖平:《读礼运》,《光华季刊》1926 年第 2 卷第 1 期。

48. 啥佣:《读礼运》,《大同附中期刊》1932 年第 40 期。

49. 张学昭:《〈礼运〉与孔子学说的分析》,《河北月刊》1936 年第 4 卷第 6 期。

50. 夏敬观:《读礼运》,《同声月刊》1943 年第 3 卷第 3 期。

51. 方竑:《礼运说》,《国立中央大学文史哲季刊》1945 年第 2 卷第 2 期。

52. 廖平:《大同学说》,《中国学报》1913 年第 8 期。

53. 沈艾孙:《大同学说(未完)》,《河北月刊》1936 年第 4 卷第 5 期。

54. 沈艾孙:《大同学说(续)》,《河北月刊》1936 年第 4 卷第 6 期。

55. 沈艾孙:《大同学说(续)》,《河北月刊》1936 年第 4 卷第 7 期。

56. 沈艾孙:《大同学说(续)》,《河北月刊》1936年第4卷第10期。
57. 沈艾孙:《大同学说(续)》,《河北月刊》1936年第4卷第11期。
58. 沈艾孙:《大同学说(续)》,《河北月刊》1936年第4卷第12期。
59. 毛夷庚(讲)、徐翔(笔记):《〈礼运·大同〉学说》,《号角》1939年第28期。
60. 何崧培:《从三民主义的观点上分析〈礼运·大同〉》,《一条心》1939年第1卷第9期。
61. 卢宗堉:《〈礼运·大同篇〉政治哲学的研究》,《浙江省地方行政学会会员通讯》1940年第2期。
62. 李翊灼:《孔子大同小康说之圣证及诸家理论》,《教育通讯》(汉口)1948年[复刊6]第8期。
63. 李翊灼:《孔子大同小康说之圣证及诸家理论(续)》,《教育通讯》(汉口)1949年[复刊6]第9期。
64. 李翊灼:《孔子大同小康说之圣证及诸家理论(续)》,《教育通讯》(汉口)1949年[复刊6]第10期。
65. 郑沅:《〈礼运〉大道之行一节释义》,《中国学报》1913年第4期。
66. 康有为:《礼运注》,《不忍杂志汇编》1914年第3期。
67. 小我:《〈礼运·大同〉释义(未完)》,《学汇》1923年第285期。
68. 小我:《〈礼运·大同〉释义(续)》,《学汇》(北京)1923年第283期。
69. 郑孝胥:《大同三年之观念》,《东洋文化》1934年1月第115号。
70. 于右任选录:《〈礼运〉天下为公节之今释》,《南声》1935年第14期。
71. 肖愚:《释〈礼运·大同〉》,《王曲》1939年第2卷第17期。
72. 毛夷庚:《〈礼运·大同〉详解》,《建国月刊》(金华)1940年第1期。
73. 陈梦韶:《〈礼运〉"男有分女有归"诠解——纠正二千年来旧释谬误》,《江西妇女》1941年第5卷第6期。
74. 高鸿缙:《〈礼运·大同〉篇五读(附表)》,《孔学》1943年创刊号。
75. 陶邵学:《〈礼运〉错简考》,《国学萃编》,1910年第41期。
76. 吴虞:《儒家大同之义本于老子说》,《新青年》,1917年第3卷第5期。
77. 钱基博:《读〈礼运〉卷头解题记》,《光华大学半月刊》1935年第4卷第2期。
78. 郭衮孟:《〈礼运·大同〉章句错简辨正》,《新村半月刊》1936年第54～55期。
79. 任启珊:《〈礼运·大同〉章辨源》,《文化创导》1944年第1卷第1期。

80. 王新民:《〈礼运·大同〉篇溯源》,《福建文化》1945 年第 2 卷第 4 期。
81. 李翊灼:《礼运大同小康章文并无错简议》,《礼乐半月刊》1947 年第 20 期。
82. 洪秀笙:《儒家大同说探原》,《民友(成都)》1948 年第 2 卷第 5 期。
83. 许新堂:《八蜡考》,《民彝》,1927 年第 1 卷第 7 期。
84. 汪荣寶:《月生于西释义》,《甲寅》(北京)1925 年第 1 卷第 7 期。
85. 胡朴安:《礼记奔则为妾说》,《国学汇编》第二集《文录》,上海国学研究社 1924 年版。
86. 刘述庭:《〈礼记·内则〉篇释义(有序)》,《新医药刊》1940 年第 90 期。
87. 郭绍虞:《语言中方名之虚义》,《国文月刊》1946 年第 45 期。
88. 陈耀妫:《〈仪礼·士冠礼·士昏礼〉"侧尊"与〈玉藻〉所言"侧尊"是同是异辨》,《国学论衡》1934 年第 4 上期。
89. 陈焯伯:《议院古明堂说》,《孔教会杂志》1913 年第 1 卷第 6 期。
90. 王国维:《明堂庙寝考》,上虞罗氏雪堂丛书本,1915 年。
91. 顾颉刚:《阮元明堂论》,《国立中山大学语言历史学研究所周刊》1930 年第 11 卷第 121 期。
92. 王治心:《明堂制度与宗教》,《协大学术》1930 年第 1 期。
93. 杨宗震:《明堂通考(附图)》,《女师大学术季刊》1930 年第 1 卷第 2 期。
94. 李源澄:《读明堂位校记》,《学艺》1935 年第 14 卷第 6 期。
95. 李源澄:《明堂制度论》,《学艺》1935 年第 14 卷第 2 期。
96. 陈启天:《学记通义》,《少年中国》1923 年第 4 卷第 6 期。
97. 高鹤年:《学记新诠》,《青岛教育》1934 年第 1 卷第 11 期。
98. 谢震亚:《学记篇中的儒家教学法》,《闽海教育》1935 年第 2 卷第 1 期。
99. 董文煜:《〈礼记·学记〉篇今释》,《光华大学半月刊》1935 年第 3 卷第 7 期。
100. 贝琪:《学记通诠》,《国学论衡》1935 年第 6 期。
101. 章廷俊:《学记的教育制度与教学法则之剖析》,《政衡》1935 年第 2 卷第 6 期。
102. 东屋:《学记之学年》,《教育学报》(北京)1939 年第 1 期。
103. 李行之:《读学记》,《责善半月刊》1940 年第 1 卷第 16 期。
104. 郑其龙:《学记中的教学原理与方法》,《读书通讯》1947 年第

134 期。

105. 唐文治:《〈礼记 · 乐记篇〉分章法》,《学术世界》1936 年第 1 卷第 8 期。

106. 张清常:《乐记之篇章问题及所用音乐术语》,《中山文化季刊》1943 年第 1 卷第 3 期。

107. 徐应铎:《乐记心学释义:儒家重视礼乐的理论》,《中华人报》1945 年第 1 期。

108. 天华:《乐记的作者及其内容(附表)》,《乐学》1947 年第 1 期。

109. 天华:《乐本篇浅释》,《乐学》,1947 年第 4 期。

110. 方竑:《读祭义》,《礼乐半月刊》1947 年第 8 期。

111. 方竑:《读哀公问》,《礼乐半月刊》1947 年第 13 期。

112. 叶润玉:《读冠昏祭义杂记》,《辟才杂志》1929 年第 6 期。

113. 罗孔昭:《间传疑义答问》,《志学》1945 年第 1718 期。

114. 陈景鋆:《儒行衍义(附序)(未完)》,《教育周报》(杭州)1916 年第 115 期。

115. 陈景鋆:《儒行衍义(续)》,《教育周报》(杭州)1916 年第 121 期。

116. 厉时中:《儒行释义》,《哲报》1923 年第 2 卷第 12 期。

117. 梦蝶:《儒行通释》,《孔教》1931 年第 1 卷第 10～12 期。

118. 章太炎讲、诸佐耕(诸祖耿)笔述:《儒行大意》,《国学商兑》1933 年第 1 卷第 1 期。

119. 陈柱:《儒行集解》,《学术世界》1937 年第 2 卷第 4 期。

120. 周室阕:《论〈礼记 · 儒行〉本周官乡三物之义》,《斯文》1943 年第 3 卷第 4 期。

121. 厉时中:《孔子闲居释义》,《哲报》1923 年第 2 卷第 25 期。

122. 沈瓞民:《谅阴考》,《制言》1937 年第 47 期。

文献考释

晋文公"骈胁"解

汪治平*

摘　要：一、近于"并肋"状态的"合干""一骨"，会严重压迫人的呼吸功能，晋文公真有这种异相，恐怕连长大成人都难，无论其他。二、"合干"之说大概来自《庄子》"骈拇"之说，从人类手脚指各种骈法可知，《庄子》"骈拇""骈枝"只是以部分概称全体，却意外成为后人注释"骈胁"的想当然耳。三、由于晋文公肋骨不可能"合干"，故而杜预旧注难以成立。

关键词：晋文公；骈；鲨鱼肌

一、"骈胁"出处

《春秋左传·僖公二十三年》记载这么一件事：

> （晋公子重耳）及曹。曹共公闻其骈胁，欲观其裸浴，薄而观之。僖负羁之妻曰："吾观晋公子之从者，皆足以相国，若以相，夫子必反其国；反其国，必得志于诸侯；得志于诸侯而诛无礼，曹其首也。子盍蚤自贰焉?"乃馈盘飧，寘璧焉。公子受飧反璧。

僖负羁之妻真乃智者。僖公二十八年（632）春，已回国继位的晋侯果然伐曹。入曹时晋文公下令"无入僖负羁之宫而免其族"，无他，"报施也"。或许僖负羁此一交易性价比过高，致使文公手下魏犨、颠颉十分不悦，唠叨道："劳之不图，报于何有?"意思是你文公都没想到应该厚赏我们这些给你卖命、跟你流亡的人哩，僖负羁是啥玩意儿，能获得这样大的恩赐？他俩不只说说，还动手"爇僖负羁氏"，把僖负羁的族闾都给烧掉了。人算终不如天

* 作者简介：汪治平，中国台湾高雄师范大学经学研究所兼任研究员，主要从事《孝经》《孙子兵法》研究。

算，僖负羁之妻再智，到头还是没能躲过劫难。当然，冲动的代价很大。由于晋文公爱魏犨之勇武，最后就以颠颉顶上违令之罪，“狥于师”以结案。①

古籍记载这些故事时，虽然重点各有不同，但都涉及曹共公要看重耳裸浴之事②，而之所以非看大男生洗澡不可，缘于重耳的“骈胁”异相。王充《论衡》说及此相：

> 时似类，未必真是。虞舜重瞳，王莽亦重瞳；晋文骈胁，张仪亦骈胁。如以骨体毛色比，则王莽、虞舜，而张仪、晋文也。③

张仪骈胁，古书仅此一见，晋文骈胁，则古籍多有。“骈胁”确定为异相，然而“骈胁”究竟是什么相呢？自来晋文公“骈胁”之说解相近并无异说。历来“骈胁”的解释主要收于《春秋左氏传》注。晋杜氏注、唐陆德明音义、孔颖达疏《春秋左传注疏》卷十四“骈胁”下注：“骈胁：合干。”并引《说文》等字书指出：“《说文》云：骈，胁并也。《广雅》云：胁，干之为肋；《通俗》云：腋下谓之胁。”

而孔颖达《疏》则更进一步阐释：

> 骈胁非裸不见，故欲观其裸，伺其浴乃逼迫以观之。《晋语》云：曹共公闻其骈胁，欲观其状，止其舍，谍其将浴，设微薄而观之。孔晁云：谍，候也；微，蔽也。《注》《正义》曰：薄者，逼近之意，故为迫也。《说文》云：骈胁，并干也。肋，胁骨也。《广雅》云：胁干，谓之肋。孔晁云：闻公子胁幹，是一骨，故欲观之。《通俗文》曰：腋下谓之胁。如此诸说，则胁是腋下之名，其骨谓之肋干，是肋之别名。骈，训比也。骨相比迫，若一骨然。④

旧注大概都将“骈”解释成为“合”“并”“一”，而“胁”则多指“肋”，没大问题。即便是《通俗文》的“腋下谓之胁”差异也不大——其肋骨的位置差不多就在腋下，尤其如果真的两排肋骨的话，第二排的对应位置大概就一定得在

---

① 以上故事据《左传》僖公廿三、廿八年事。又此事于先秦汉之际广为人知，诸如：《国语·晋语四》、《韩非子·十过第十》、《淮南子·道应训》、《史记·管蔡世家》、《史记·晋世家》、《列女传·仁智传·曹僖氏妻》都载有此一故事。

② 也有异说，不是薄而观浴，而是曹共公欲“视其骈胁，使袒而捕池鱼”。（参见张双棣译注：《吕氏春秋译注》，北京大学出版社 2000 年版，第 647 页）

③ 参见王充：《论衡》卷十六，《丛书集成初编》影刻清《汉魏堂丛书》本，台湾商务印书馆 1939 年版，第 177 页下左。

④ 以上所引均见(晋)杜氏注、(唐)陆德明音义、孔颖达疏《春秋左传注疏》卷十四《起僖公二十二年尽二十四年》“骈胁”注。

腋下的垂直部位了。

但仔细看旧注，“骈”释为“合”，释为“一骨”，所谓“骨相比迫，若一骨然”，也就是重耳的肋骨与一般人不一样，不是一条一条间隙相列，而是从上到下，一整块骨板(如图2所示)。所以照旧注之说，则“腋下”其实不够准确，因为重耳“骈胁”的特点是他肋骨比别人多，或每条都比他人宽得多，以至于看起来密密相合，每条肋骨上下之间都没什么间隙。

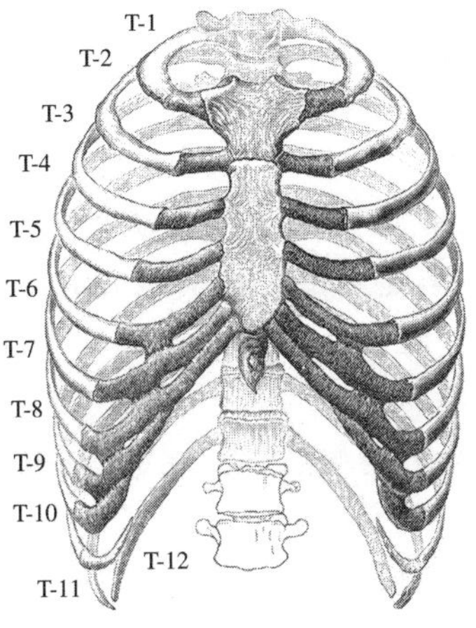

图1　肋骨示意图

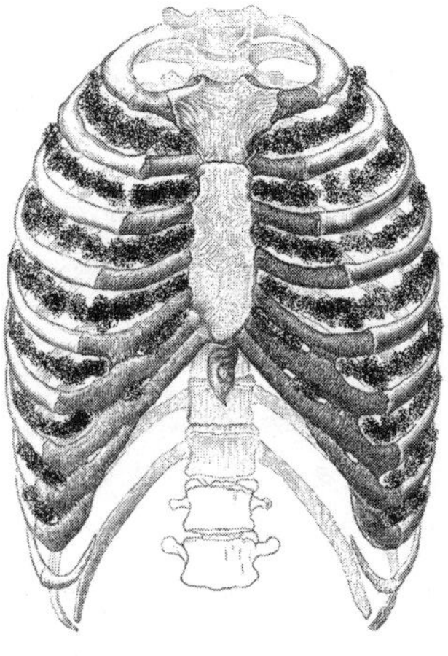

图2　理解为“一骨”的骈胁示意图

今按，旧注所描绘的重耳肋骨乃一病态肋骨，形态为上下相骈，而非左右相骈。且因为肋条太多，对每根肋骨而言非“两相并”，而为“两两相并”的意思。“骈”本是“两匹马并驾一车”的意思[①]，故而“骈X”既可有“两相并”之义，亦可有“两两相并”之义，而“两两相并”又可引申出“并成一板块”的意思。古代“骈X”之词结构在人身上的用法，除“骈胁”外，尚有“骈齿”“骈枝”

---

① 《说文》:“骈，驾二马也。从马，并声。”[段玉裁:《说文解字注》，(台北)汉京出版公司1980年版，第469页下右]

“骈拇”“骈骨”[①]“骈胎”[②]诸说[③]，其中“骈骨”“骈胎”少见外，“骈齿”据《竹书纪年》是帝喾的圣德之征，也是周武王的圣德之征[④]。而“骈枝”“骈拇”均见于《庄子》。“武王骈齿”的内涵不详，如上言，估计应该是牙齿生得太多，牙床容纳不下，牙齿前前后后堆连在一起的意思。[⑤] 而“骈拇”指在大拇指上多长的指，“骈枝”义或同骈拇，或指在拇指以外的部位，与其他指头并生的手指。

由是可见，“骈”用在人的身体部位，除去有并生、并排的意思，有些还有多余的意思。

二、“骈拇”解

《史记》除去卷三十五、三十九都提到曹共公“欲观重耳骈胁”之事外，“骈胁”一词还有一则出处。《史记·商君列传》记载在商鞅巨大的威势前，赵良小心翼翼地指出：“千人之诺诺，不如一士之谔谔。”并小心请示：“君若不非武王乎，则仆请终日正言而无诛，可乎？”取得商君的同意后，赵良指出不得人心是商鞅最大的问题，其中他说到一条：

> 君之出也，后车十数，从车载甲。多力而骈胁者为骖乘，持矛而操闟戟者，旁车而趋。此一物不具，君固不出。[⑥]

此一描述将“骈胁”与“多力”相连，且为能与商鞅同车的武卫之士，而非一般“持矛而操闟戟”在车旁列队中的士兵。

或许因为这个缘故，今《汉语大词典》“骈胁”条就认为“骈胁”有二义：一是“肋骨紧密连接为一”，证典即晋文公重耳；一则是“肌肉健壮，不显肋骨”，

---

① “帝生而有异光，状貌殊特，日角龙颜，重岳虎顾。舌文八字，项有浮光。身映日无景，两髈骈骨，项上隆起。有文在右手，曰：武。”[(唐)李延寿：《南史》卷六，中华书局1975年版，第168页]

② 褚澄云：“阴阳均至，非男非女之身。精血散分，骈胎、品胎之兆。”“骈胎”即今“双胞胎”，同卵、异卵皆在其内，“品胎”则为“三胞胎”。[(齐)褚澄：《褚氏遗书·受形》，台湾商务印书馆1986年影印文渊阁《四库全书》本，第734册，第543页下左]

③ 至于“骈肩”“骈足”之类，实为众人成列后的结果，并非个人之身体特征，非本文讨论范围，不取。

④ 《竹书纪年》：“帝喾高辛氏，生而骈齿，有圣德。”“文王既没，太子发代立，是为武王。武王骈齿望羊，将伐纣。”[(清)林春溥：《竹书纪年补证》卷一、卷三，台北新文丰文化出版公司1997年《丛书集成三编》影清道光庚子竹柏山房刊本，第86册，第655页上至672页下左]

⑤ 或者牙齿多而小，因而未必前前后后地并联在牙床上。真成为板齿的可能性很低。

⑥ 《史记》卷六十八，中华书局1982年版，第2235页。

证典就是《史记・商君列传》。[①] "肋骨紧密连接为一"明显根据杜预旧注"骈胁,合干"而来。然而,"合干"这种既罕见又畸形,甚且近乎凭空想象之说缘何而生?杜说多半根据《庄子・骈拇》原文而来。《庄子・骈拇》云:

> 骈拇枝指出乎性哉?而侈于德。附赘县疣出乎形哉?而侈于性。多方乎?仁义而用之者,列于五藏哉?而非道德之正也。是故骈于足者,连无用之肉也;枝于手者,树无用之指也。[②]

"骈于足者,连无用之肉也;枝于手者,树无用之指也",应为《庄子》注文的原始依据。《释文》引司马彪说以为"骈拇"就是"足拇指连第二指"。至于"枝指"则引崔譔说,以为"枝,音岐,谓指有岐"[③]。看起来将"骈"理解为"合并",大概是魏晋以来的通识,所以虽然杜预的时间要早于司马彪[④],但将"骈胁"释为"合干"仍当源自此一"实有"的概念[⑤]。然而,虽然"骈"确实可以引申出"相连"之义,但定将"骈拇"释为足趾且不得枝而必须黏连在一块儿,将"枝指"释为手而非脚上多出来的一趾,恐怕并没有什么生理学的依据。实际情况是,就手足指的畸形而言,指头既有少于常数者,也有多于常数者;有同于常数而相连并者,也有多或少于常数而相连并者;有足趾相并者,亦有手指相并者;有手指相枝者,也有脚趾相枝者。

若从医学的观点看,手足指异常基本可分为三大类型:Ⅰ型:单纯多余的软组织块或称浮指。Ⅱ型:具有骨和关节正常成分的部分多指。Ⅲ型:具有完全的多指。第三类型除了数量较多外,其他一切与正常手足指相同。

手足指的畸形基本相类,能发生在手上的情况就能发生在脚上。可再据此回头看《庄子》问题就来了,"骈拇"确实可以理解为二指相并黏,但为什么一定要理解为"足拇指连第二指"?"骈"生的足拇指不一定非要与他趾"并黏"不可,而手指也有并黏在一起者,此外,脚趾也有不是拇趾相连者。以是观之,《庄子・骈拇》"骈拇枝指"之说当为以部分代称全体之义,而后人之注或者囿于字面解释,或者囿于可能只属于注者的个人经验。缘于偶然的机会,司马彪或更早注《庄子・骈拇》的人大概真的见过脚拇趾相黏在一

---

① 《汉语大词典》第12卷,汉语大词典出版社1993年版,第840页。

② 陈鼓应:《庄子今注今译》,中华书局1983年版,第231页。

③ (唐)陆德明:《经典释文》卷二十七,台湾商务印书馆1986年影印文渊阁《四库全书》本,第182册,第841页下右。

④ 一般认为杜预生卒年为222~284年,而司马彪则为243~306年。

⑤ "实有"意指《庄子》之说或司马彪注所指称的"连指"现象在医学上常见,然而"骈胁"若指"合干",则在医学上罕见至极。

起的人，又由于《庄子》的原话是"连无用之肉"，所以"骈拇"就被也只被理解成并黏在一起的足拇趾。

古人对这种畸形状态恐怕缺乏今天医学这般全面的研究，一般人又无以确知异相间的种种差异。因而自司马彪以"足拇指连第二指"注"骈拇"之后，似乎并没有人反对过。① 但本文根据今日对"多趾""并趾"的理解，以为"骈拇"既可以指黏在一起的手、足大拇指，也可以是分开的手、足大拇指。而"枝指"既可指分立的手、足指(趾)，也可以指黏并在一起的手、足指(趾)。当然，由于《庄子》在《骈拇》中自己就说："骈于足者，连无用之肉也；枝于手者，树无用之指也。"一个"连"，一个"树"，很形象地让人意会到手上多出来的指是独立的，脚上多出来的趾是相连的。笔者认为第一个注《庄子》"骈拇"的人，或写《庄子・骈拇》的人，恐怕确有实际看到类似之"骈拇"情形，因而"骈"的"并"义，就更进一步引申为"相黏合"之义。

很可能由于杜预注《左传》晋文公"骈胁"的"骈"时，这个源自《庄子・骈拇》之"骈"，义为"并合""相黏连"已成为一个共通的观点。因而作注之际，杜预并没多加思考，就将重耳的"骈胁"注作了"合干"。

三、"骈胁"解

要之，"骈拇"注成脚拇趾连在一起一点问题也没有，"骈齿"理解为像鳖一般的齿板，虽显怪异，外带牙齿的咬力猛增外，其他影响也不太大；但是如果人胸腔的肋骨也像"骈拇""骈齿"般地"紧密连接为一"即连成一个板片，问题就严重了，所以《汉语大词典》说骈胁是"生理上的畸形"。

有的畸形虽然难看、碍事，却并不影响健康，可有的畸形则严重影响健康，甚至威胁生命安全。大致而言，用"相连在一块"的意义理解"骈拇"不难，但这样的"骈齿""骈胁"则十分罕见。而且肋骨如果真的都"骈"到一块儿，人胸腔的扩张功能将丧失殆尽，那么此人即便不死，生命力也很弱。由于能力有限，笔者找不到肋骨"合干"的病例，但在"39 健康网"发现一则有着较多肋骨一起"并肋"的病例：一名 8 个月大脊柱侧弯患儿的医疗例。这个娃娃在 3 个月大检查时发现他的脊柱侧弯已达 75 度，至 8 个月大时，其侧弯增

---

① 崔大华《庄子歧解》本条只列了两种异说：1. 拇、指，分别言足之大指与手之大指。2. 拇，统言手与足之大指。但无论何说，"骈"都释作"合""连"之义。也就是只要说"骈拇"，就非把拇指与他指黏在一起不可。(参见崔大华：《庄子歧解》，中州古籍出版社 1988 年版，第 302 页)

加到 100 度。重点在其 T4 至 T11 之肋骨都已“并肋”，双侧 T4 至 T9 之肋骨分节不全。由于肋条排得十分紧密，已严重压迫婴儿的呼吸。所以医院不得不帮这位只有 8 个月大的奶娃开刀矫正引发“并肋”的脊柱侧弯。术后效果尚可，“并肋”现象消失，不再影响婴儿呼吸。

由此可推想，如果“骈胁”真的是“并肋”或者“肋骨紧密连接为一”，那么幼小的重耳能不能长大成活都是问题，更不要说经历 19 年艰困的出亡岁月后还能返国登基。当然，就今日医学而言，还有一种相对轻微、不致命的“并肋”情况，那就是“叉状肋”。一般人的肋骨末端如鱼胸大刺，也是一长条状，但叉状肋的基本情况则是肋骨好像毒蛇的信子，末端分叉。除了叉状肋，还有一种常见的变异叫“颈肋”，这不是末端分叉，而是多长根肋骨出来。“颈肋”就是和颈椎连在一起的肋骨，正常人肋骨是和胸椎连在一起的。此外，还有一种更罕见的现象，那就是有人凭空多出一对肋骨。这是因为一般人脊柱的分布是 12 节胸椎、5 节腰椎，不过有极少数人长了 13 节胸椎、4 节腰椎，这么一来肋骨就多出了一对。[①]

综合以上几种畸形就会发现，外征凸显的“并肋”一不小心就会要命，而若以轻度、不太会影响健康的畸变作为晋文公身上的“骈胁”现象，却会产生另外一个问题：这种“骈胁”（并肋）从外形上几乎看不出来。既然外形上看不大出来，那重耳“骈胁”的名气怎么可能那样大？大到曹共公竟然不顾国际礼节也必须一窥究竟的地步，那么无论“骈胁”究竟是什么样子，外形凸显当为其必要条件。

笔者以为要解决这个困难，最简单而合理的方案就是根本否定杜预旧注，“骈胁”只有一义，就是特殊的“多力”形态。何谓“特殊的多力形态”？《汉语大词典》“骈胁”的第二义为：“肌肉健壮，不显肋骨。”但是仔细思考一下《汉语大词典》这条注有疑，不显肋骨的强壮的条件并不很高，事实上除去肌肉发达外，体脂肪多一点即可。而当身体或者强调肌肉，像今日的“健美先生”一般继续锻炼下去，身体的肌肉会出现什么变化呢？我们查看一些健身者的图片就会发现，有些人经过锻炼之后，在胸下的腹肌之外，胁下的肌肉出现横条状肌肉与肋骨相配合，这种形态的肌肉今天称作“鲨鱼肌”（Shark Muscle）。只要练得好，确实容易给人“两排肋骨”之感。

---

① “人肋骨 12 对，左右对称，后端与胸椎相关节，前端仅第 1～7 肋借软骨与胸骨相连接，称为真肋；第 8～12 肋称为假肋，其中第 8～10 肋借肋软骨与上一肋的软骨相连，形成肋弓，第 11、12 肋前端游离，又称浮肋。”（参见《百度百科・肋骨条》，http://baike.baidu.com/view/92109.htm）

当然,如果练个健美就有机会出现“骈胁”,那又有何异征可言?估计有几个原因导致曹共公那么希望看到重耳实际上主要是锻炼出来的骈胁:一则古代与现代不同,现代练健美只要配合各种机械训练,加上服从营养师指导的饮食控制,要练就一身肌肉并不太难。不过即便如此,要能成名,除去苦炼,肌肉先天“型”之好坏,还是最为重要的先决条件。然而,这些今人的常识古人却很难全面掌握,且练健美不同于练力气,古代即使也十分重视锻炼气力,却相对难出现类似现代健美先生的肌理。在辅助条件远不如今日的情况下,要光靠苦练练出类似“骈胁”的超强肌肉状态,殊为不易。二则,如上所言,单就练健美而言,能否成为健美冠军,除去苦练、营养调配得宜外,肌肉类型的先天条件仍然十分重要。因而重耳大有可能其先天条件确实特佳,再加上高级贵族的食物营养成分也远好过一般人,因而他所练就的“骈胁”或许要比现在的健美先生更为显眼。

此外,由于在时间上赵良并未晚重耳太久①,在赵良的语言脉络中已清楚明白地交待了“骈胁”之义为多力,再以现今医学合理的角度考量,重耳的“骈胁”如果真如杜预所言,板成一块,那么重耳能不能健康存活下来都成问题,就更不用说历尽艰险以成霸业了。② 由此可知,晋公子重耳的“骈胁”说明了重耳至少在年轻时有着异乎寻常的健美身型,尤其有着异常发达的鲨鱼肌。

四、结　语

此外,在传说中,孔子在中古之际也被安上了“骈胁”的异征。如宋孔传《东家杂记》卷下《先圣小影》云:

> 《家谱》云:先圣长九尺六寸,腰大十围,凡四十九表,反首洼面,月角日准,手握天文,足履度字。或作“王字”。坐如龙蹲,立如凤跱。望之如仆,就之如升。耳垂珠庭,龟脊龙形,虎掌骈肋,参膺河目,海口山

---

① 商鞅于公元前338年被车裂,晋文公卒于公元前628年,两者卒年相距300年(赵良与商鞅对完话后约半年,商鞅即被车裂)。“不算太久”所指对象为“骈胁”一词,非指人物。

② 或许就是这个缘故,黄丕鹤认为晋公子重耳的“骈胁”不是其他而是“鸡胸”。因为鸡胸虽是畸变,但鸡胸患者却未必不能有力。黄说颇有新意,唯在何以能将“骈胁”断为“鸡胸”方面,黄文只以“有可能”三字带过,在论证上恐未能自足。何况无论内凹还是外凸,鸡胸实不能算太罕见病例,不知鸡胸是否会诱发曹共公薄之一观的兴趣。[其说详见黄丕鹤:《晋文公之“骈胁”为鸡胸考——兼辨秦始皇生父之诬》,(台北)《历史月刊》2003年10月号,第146页]

脐，林背翼臂，斗唇注头，隆鼻阜頞，提眉地足，谷窍雷声，泽腹昌颜，均颐辅喉骈齿。眉有一十二采，目有六十四理。其头似尧，其颡似舜，其项类皋陶，其肩类子产。自腰以下，不及禹三寸。胸有文曰"制作定世符运"。今家庙所藏画像，衣燕居服，颜子从行者，世谓之"小影"，于圣像为最真。[①]

明陈士元《论语类考》卷六《人物考·孔子》：

《路史》云：孔子四十有九表，堤眉谷窍，参臂骈胁，腰大十围，长九尺有六寸，时谓长人（事详《世本》及《孔子家谱》、《祖庭记》等。有《生日辨》在《余论》）。[②]

清江永《乡党图考》卷二《圣迹·先世考·附圣表》：

《阙里志》：先圣生质异常，有四十九表。反首注面，月角日准，河目龙颡，斗脣昌颜，均颐辅喉，骈齿龙形，龟脊虎掌，骈胁修肱，参膺圩顶，山脐林背，翼臂注头，阜頞堤背，地足谷窍，雷声泽腹，修上趋下，末偻后耳。面如蒙倛，手垂过膝，耳垂珠庭，眉十二彩，目六十四理。立如凤峙，坐如龙蹲。手握天文，足履度字。望之如仆，就之如升。视若营四海，躬履谦让。胸有文曰"制作定世符"。身长九尺六寸，腰大十围。[③]

以上三书很清楚地记载了孔子的特征之一就是"骈胁"。

目前可见秦汉之际记载孔子样貌的文献都未言及孔子此一特征，但就先秦文献可知孔子为力士之后，自身也孔武有力。这应是后世以"骈胁"说孔子的主要缘故，后世也多袭用，如左太冲《吴都赋》云：

袒裼徒搏，拔距投石之部。猨臂骈胁，狂趭犷猤，鹰瞵鹗视，趁谭翋□。[④]

唐杨炎《云麾将军郭公神道碑》云：

虎头骈胁，曲踊雷声。猿臂过挟辀之材，鹰扬表下鞲之志。[⑤]

明吴之鲸《天朝宠锡》云：

---

① （宋）孔传：《东家杂记》卷下，台湾商务印书馆 1986 年影印文渊阁《四库全书》本，第 446 册，第 83 页下。

② （明）陈士元：《论语类考》卷六，台湾商务印书馆 1986 年影印文渊阁《四库全书》本，第 207 册，页 145 上右。

③ （清）江永：《乡党图考》卷二，台湾商务印书馆 1986 年影印文渊阁《四库全书》本，第 210 册，第 757 页下左～758 页上右。

④ 《文选》卷五，石门图书公司 1976 年影印《尤初刻文选》本，第 91 页下右。

⑤ （宋）李昉等：《文苑英华》卷九百八《职官十六·云麾将军郭公神道碑·杨炎》，中华书局 1966 年影宋补配明刊本，第 4779 页下左。

豪举无所施谋，骈胁莫由展力。[①]

《元史》：

史天祥，幼有大志，长身骈胁，力绝人。[②]

明王世贞《弇州四部稿》卷七十九《锦衣志》云：

秦晋齐鲁间，骈胁、超乘、迹射之士以千计。[③]

清孙奇逢《王指挥邦直》云：

邦直，字国宁，磁州人。父溽，府谷知县。邦直生而骈胁，有神力，称王千觔云。[④]

从以上这些用例可见，将“骈胁”理解为肌力强健之士远比理解为“肋骨紧密连接为一”或“鸡胸”来得合理。但因为古代帝王君主多有“瑞征”的概念深入人心，因而一个本可简单理解的生理特征到了晋文公身上就显得神秘而怪异。否则大可将“骈胁”视为“多力”之殊相。《汉语大词典》将“骈胁”释为“肋骨紧密连接为一”以及“肌肉健壮，不显肋骨”二义，恐为承继古说之误。而“骈胁”即为“鸡胸”之说也由于证据不足而不采用。

本文则以为：第一，近于“并肋”状态的“合干”“一骨”，会严重压迫人的呼吸功能，晋文公真有这种异相，恐怕连长大都难，更不要说逃亡在外十九年，备历险艰，洗个澡还被人强看。第二，“合干”之说大概与《庄子》“骈拇”之说相关，但从人类手脚指各种骈法可知，《庄子》“骈拇”“骈枝”只是以部分概称全体的用法，却意外成为后人注释“骈胁”的想当然耳。第三，由于晋文公的肋骨根本不可能呈“合干”状态，因而旧注必难成立。准此，再据现存文献资料，只能将“骈胁”与“多力”相联结，将晋文公当年的“骈胁”理解为类似多力之鲨鱼肌殊相。由于古人锻炼肌肉的相关知识不如今人全面，可以想见，2600 多年前的人若能有类似的胸腹之肌，恐怕曹共公确乎会有兴趣近距离观玩一番。

---

① (明)吴之鲸：《武林梵志》卷七《天朝宠锡》，台湾商务印书馆 1986 年影印文渊阁《四库全书》本，第 588 册，第 154 页下左。

② 《元史 · 史天祥》，中华书局 1976 年版，第 3488 页。

③ (明)王世贞：《弇州四部稿》卷七十九，台湾商务印书馆 1986 年影印文渊阁《四库全书》本，第 1280 册，第 321 页上右。

④ (清)孙奇逢：《中州人物考》卷三《忠节 · 王指挥邦直》，台湾商务印书馆 1986 年影印文渊阁《四库全书》本，第 458 册，第 62 页上左。

《史记·五帝本纪》校补

萧　旭*

摘　要：本文剌取《史记·五帝本纪》29 条，杂引古今各种研究成果，进行文字、训诂之按断辨析，以有益于《史记》之进一步研究。

关键词：《史记》；《五帝本纪》；校补

司马迁《史记》130 卷，是中国历史上第一部纪传体通史。对这部伟大的著作，历代学者研究、校理者众多。有清以还的研究著述，列其要者如次：

四库全书《史记考证》[①]，方苞《史记注补正》[②]，钱大昕《史记考异》《三史

* 作者简介：萧旭，常州大学兼职教授，南京师范大学客座研究员，主要从事文献训诂研究，已发表论文 120 余篇，出版有《古书虚词旁释》《群书校补》《群书校补(续)》《吕氏春秋校补》《淮南子校补》等著作。

① 《四库全书考证》卷一三，影印文渊阁《四库全书》第 243～244、1498 册，台湾商务印书馆 1986 年初版。

② 方苞：《史记注补正》，《二十五史三编》第 1 册，岳麓书社 1994 年版，第 56～83 页。

拾遗·史记》[①]，杭世骏《史记考证》《史记疏证》[②]，梁玉绳《史记志疑》[③]，王念孙《史记杂志》[④]，洪颐煊《史记丛录》[⑤]，尚镕《史记辨证》[⑥]，王筠《史记校》[⑦]，丁晏《史记毛本正误》[⑧]，张文虎《校刊史记集》[⑨]，王鸣盛《史记商榷》[⑩]，赵翼《史记札记》[⑪]，周尚木《史记识误》[⑫]，林茂春《史记拾遗》[⑬]，龙良栋《景佑本史记校勘记》[⑭]，郭嵩焘《史记札记》[⑮]，崔适《史记探源》[⑯]，李慈铭《史记札记》[⑰]，

① 钱大昕《史记考异》《三史拾遗·史记》，《二十二史考异》卷一、二，《嘉定钱大昕全集》第2、4册，江苏古籍出版社1997年版，第1～113、1～31页。本稿引《考异》径出作者名，引《拾遗》称作钱大昕《拾遗》。

② 杭世骏：《史记考证》，《二十五史三编》第1册，第92～158页。杭世骏：《史记疏证》(影印北图藏清钞本)，收入《续修四库全书》第264册，上海古籍出版社2002年版，第1～556页；旧题作"佚名《史记疏证》"，旧钞卷首题记疑是沈钦韩所著，谓"此书既与《汉书疏证》连续合钞，且行款体例亦复相同，当亦钦韩作也"(第1页)，其说未确。董恩林考证是杭世骏所作，巢彦婷又作补证，都是可信的，其说可为定谳。杭世骏《史记疏证》当是《史记考证》增订本，以二书覆之，相同条目其说大同，而《疏证》所说尤详。(参见董恩林：《佚名〈史记疏证〉、〈汉书疏证〉作者考》，《历史研究》2010年第3期。巢彦婷：《杭世骏作〈史记疏证〉、〈汉书疏证〉补考》，《古典文献研究》第20辑下卷，2017年版，第252～258页)本稿引《考证》径出作者名，引《疏证》说称作杭世骏《疏证》。

③ 梁玉绳：《史记志疑》，中华书局1981年版。

④ 王念孙：《史记杂志》，《读书杂志》第2～3卷，中国书店1985年版。

⑤ 洪颐煊：《史记丛录》，《读书丛录》第17～18卷，《续修四库全书》第1157册，上海古籍出版社2002年版，第705～723页。

⑥ 尚镕：《史记辨证》，《二十五史三编》第1册，第898～931页。

⑦ 王筠：《史记校》，《二十五史三编》第1册，第932～973页。

⑧ 丁晏：《史记毛本正误》，《二十五史三编》第1册，第989～993页。

⑨ 张文虎：《校刊史记集》，《解索隐正义札记》，中华书局1977年版。

⑩ 王鸣盛：《史记商榷》，《十七史商榷》，《嘉定王鸣盛全集》第4集，中华书局2010年版，第1～67页。

⑪ 赵翼：《史记札记》，王树民校证《廿二史札记校证》卷一至卷三，中华书局1984年版，第1～79页。

⑫ 周尚木：《史记识误》，《二十四史订补》第1册，第462～516页。

⑬ 林茂春：《史记拾遗》，《二十四史订补》第1册，第659～874页。

⑭ 龙良栋：《景佑本史记校勘记》，《二十四史订补》第1册，第925～1025页。

⑮ 郭嵩焘：《史记札记》，商务印书馆1957年版；又《郭嵩焘全集》第5册，岳麓书社2012年版。

⑯ 崔适：《史记探源》，中华书局1986年版；又《二十五史三编》第2册，第1～70页。

⑰ 李慈铭：《史记札记》，《二十五史三编》第2册，第71～79页。

瞿方梅《史记三家注补正》[1]，李笠《广史记订补》[2]，鲁实先《史记会注考证驳议》[3]，孙星衍《〈史记·天官书〉补证》[4]，张骥《〈史记·扁鹊仓公传〉补注》[5]，刘光蕡《〈史记·货殖列传〉注》[6]，沈家本《史记琐言》[7]，王元启《史记正讹》[8]，成孺《史汉骈枝》[9]，钱塘《史记释疑》[10]，潘永季《读史记札记》[11]，张元济《史记校勘记》《补遗》[12]，朱师辙（少滨）《史记补注》[13]，向宗鲁《史记讲谊》[14]，潘吟阁《〈史记·货殖传〉新诠》[15]，吴国泰《史记解诂》[16]，陈直《史记新证》[17]，王骏图、王骏观《史记旧注平义》[18]，张森楷《史记新校注》[19]，谭戒甫《〈史记·

① 瞿方梅：《史记三家注补正》卷一至卷八，《学衡》第40、42～45、55、57、58期，19251～926年版；又《二十五史三编》第2册，第80～125页。

② 李笠：《广史记订补》，复旦大学出版社2001年版；又《二十五史三编》第2册，第462～556页。

③ 鲁实先：《史记会注考证驳议》，岳麓书社1986年版；又《二十五史三编》第2册，第557～605页。

④ 孙星衍：《〈史记·天官书〉补证》，《二十五史三编》第2册，第621～624页。

⑤ 张骥：《〈史记·扁鹊仓公传〉补注》，《二十五史三编》第2册，第708～768页。

⑥ 刘光蕡：《〈史记·货殖列传〉注》，《二十五史三编》第2册，第769～778页。

⑦ 沈家本：《史记琐言》，《二十五史三编》第2册，第779～846页。

⑧ 王元启：《史记正讹》，《二十五史三编》第2册，第881～927页。

⑨ 成孺：《史汉骈枝》，《丛书集成新编》第111册，台湾新文丰出版公司1985年版，第32～34页。

⑩ 钱塘：《史记释疑》，《丛书集成续编》第273册，台湾新文丰出版公司1988年版，第57～100页。

⑪ 潘永季：《读史记札记》，《丛书集成续编》第273册，台湾新文丰出版公司1988年版，第111～136页。

⑫ 张元济：《史记校勘记》《补遗》，《百衲本二十四史校勘记》，商务印书馆1997年版。

⑬ 朱师辙（少滨）：《史记补注》，《国学汇编》1924年第2集，第1～10页；又连载于《国学周刊》1924年第39～48期。未完稿，至《齐悼惠王世家》止。

⑭ 向宗鲁：《史记讲谊》，国家图书馆藏佚名《史记校注》手稿，《〈史记〉订补文献汇编》，北京图书馆出版社2004年版，第599～657页。据友人苏芃博士考证，是向宗鲁（承周）遗著。（参见苏芃：《向宗鲁〈史记讲义〉考论》，《文献》2015年第1期）

⑮ 潘吟阁：《〈史记·货殖传〉新诠》，商务印书馆1931年版。

⑯ 吴国泰：《史记解诂》，1933年成都居易簃丛著本。此书偶有精到处，但常常乱说通借，本文不一一驳正，以免辞费。

⑰ 陈直：《史记新证》，天津人民出版社1979年版。

⑱ 王骏图、王骏观：《史记旧注平义》，台湾正中书局1947年版。

⑲ 张森楷：《史记新校注》，中国学典馆复馆筹备处1967年版。

孟子荀卿列传〉校释》[①]，钱穆《史记地名考》[②]，徐复《史记臆解》[③]，施之勉《史记会注考证订补》[④]，王叔岷《史记斠证》[⑤]，张以仁《读史记会注考证札记》[⑥]，阮廷焯《校书堂札迻·史记》[⑦]，丁介民《司马迁〈报任安书〉斠诂》[⑧]，徐善同《读〈史记·秦始皇本纪〉》[⑨]，郑良树《史记剩义》[⑩]，蒋礼鸿《史记校诂》[⑪]，徐仁甫《史记注解辨正》[⑫]，李蔚芬《史记正义佚文纂录》[⑬]，张衍田《史记正义佚文辑校》[⑭]，程金造《史记索隐引书考实》[⑮]，冯永轩《〈史记·楚世家〉会注考证校补》[⑯]，张家英《史记十二本纪疑诂》[⑰]，李人鉴《太史公书校读记》[⑱]，韩兆琦

① 谭戒甫：《〈史记·孟子荀卿列传〉校释》，《中国历史文献研究集刊》第 1 集，湖南人民出版社 1980 年版，第 84～94 页。

② 钱穆：《史记地名考》，商务印书馆 2001 年版；又《钱宾四先生全集》第 34～35 册，联经出版事业公司 1998 年版。

③ 徐复：《史记臆解》，《徐复语言文字学论稿》，江苏教育出版社 1995 年版，第 125～129 页；又题作《史记杂志》，《后读书杂志》，上海古籍出版社 1996 年版，第 30～35 页。

④ 施之勉：《史记会注考证订补》，华冈出版有限公司 1976 年版。

⑤ 王叔岷：《史记斠证》，中央研究院历史语言研究所专刊之七十八，中华书局 2007 年版。

⑥ 张以仁：《读史记会注考证札记》，《大陆杂志》第 26 卷第 12 期、第 29 卷第 1 期、第 32 卷第 6 期、第 37 卷第 6 期、第 38 卷第 5 期；《大陆杂志语文丛书》第 2 辑第 3 册《校诂札记》，1970 年版，第 369～385 页。

⑦ 阮廷焯：《校书堂札迻·史记》，香港《联合书院学报》1967 年第 6 期。

⑧ 丁介民：《司马迁〈报任安书〉斠诂》，《大陆杂志》第 35 卷第 4 期；收入《大陆杂志语文丛书》第 2 辑第 3 册《校诂札记》，1970 年版，第 54～58 页。

⑨ 徐善同：《读〈史记·秦始皇本纪〉》，《大陆杂志》第 41 卷第 1 期；收入《大陆杂志史学丛书》第 4 辑第 2 册《史记考证研究论集》，第 441～448 页。

⑩ 郑良树：《史记剩义》，《大陆杂志史学丛书》第 5 辑第 2 册《史记考证·秦汉中古史研究论集》，第 72～84 页。

⑪ 蒋礼鸿：《史记校诂》，《蒋礼鸿集》卷六，浙江教育出版社 2001 年版，第 4～86 页。未完稿，至《孙子吴起列传》止。

⑫ 徐仁甫：《史记注解辨正》，四川大学出版社 1993 年版。

⑬ 李蔚芬：《史记正义佚文纂录》，《二十四史订补》第 1 册，第 195～231 页。

⑭ 张衍田：《史记正义佚文辑校》，北京大学出版社 1985 年版。

⑮ 程金造：《史记索隐引书考实》，中华书局 1998 年版。

⑯ 冯永轩：《〈史记·楚世家〉会注考证校补》，湖北教育出版社 1993 年版。

⑰ 张家英：《史记十二本纪疑诂》，黑龙江教育出版社 1997 年版。

⑱ 李人鉴：《太史公书校读记》，甘肃人民出版社 1998 年版。

《史记笺证》[1]，张玉春《〈史记〉日本古注疏证》[2]，辛德勇《史记新本校勘》[3]。

清代以还学者学术笔记中也有涉及《史记》者：张文虎《舒艺室随笔》卷四[4]，邵晋涵《南江札记》卷四[5]，苏时学《爻山笔话》卷六[6]，朱亦栋《群书札记》[7]，沈涛《铜熨斗斋随笔》[8]，何焯《义门读书记》卷十三、十四[9]，查德基《学古堂日记·史记》[10]，朱锦绶《学古堂日记·史记》[11]，马叙伦《读书续记》[12]。

日人著作，余仅见三种：泷川资言《史记会注考证》[13]，水泽利忠《史记会注考证校补》[14]，池田四郎次郎《史记补注》[15]。

《史记》的版本，余所见者有：北宋景佑监本《史记集解》（简称"景佑本"），南宋绍兴刊《史记集解》（简称"绍兴本"），南宋庆元建安黄善夫《史记集解索隐正义》合刻本（简称"黄善夫本"），宋乾道七年蔡梦弼东塾刻本《史记集解索隐》（简称"乾道本"），南宋淳熙八年耿秉刻本《史记集解索隐》（简称"淳熙本"），元至元二十五年彭寅翁《史记集解索隐正义》合刻本（简称"元彭刻本"），元大德十年九路刊《史记集解索隐》（残存《楚元王世家》），涵芬楼影印百衲本《史记集解索隐正义》合刻本（简称"百衲本"），日本庆长古活字本（简称"庆长本"），本文取校此上各本，统称作各宋元本及庆长本；另有明清各种刊刻本十数种，暂未入校。还见到唐代敦煌写卷残存几个残卷：P. 2627《史记·燕召公世家》《管蔡世家》《伯夷列传》，Дx2663＋Дx2724＋Дx5341＋Дx5784《史记·秦本纪》，Дx2670《史记·李斯列传》。日本残卷：日本石山寺藏六朝写本《史记·张丞相列传》残卷、《郦生陆贾列传》，日本高

---

① 韩兆琦：《史记笺证》，江西人民出版社2009年版。

② 张玉春：《〈史记〉日本古注疏证》，齐鲁书社2016年版。

③ 辛德勇：《史记新本校勘》，广西师范大学出版社2017年版。

④ 张文虎：《舒艺室随笔》卷四《史记》，《续修四库全书》第1164册，第348～363页。

⑤ 邵晋涵：《南江札记》卷四《史记》，《续修四库全书》第1152册，第383～384页。

⑥ 苏时学：《爻山笔话》卷六《史记》，《四库未收书辑刊》第7辑第11册，北京出版社1997年影印出版，第415～416页。

⑦ 朱亦栋：《群书札记》卷一、四，收入《续修四库全书》第1155册，第19～22、68～69页。

⑧ 沈涛：《铜熨斗斋随笔》卷一、三、四，《续修四库全书》第1155册，第612、639～647页。

⑨ 何焯：《义门读书记》卷十三、十四，中华书局1987年版，第197～238页。

⑩ 查德基：《学古堂日记·史记》，《二十四史订补》第1册，第399～412页。

⑪ 朱锦绶：《学古堂日记·史记》，《二十四史订补》第1册，第413～418页。

⑫ 马叙伦：《读书续记》卷五，中国书店1985年版，本卷第23～26页。

⑬ [日]泷川资言：《史记会注考证》，北岳文艺出版社1999年版。

⑭ [日]水泽利忠：《史记会注考证校补》，广文书局1972年版。

⑮ [日]池田四郎次郎：《史记补注》（池田英雄增补），日本明德出版社1975年版。

山寺藏唐钞本《史记·夏本纪》《殷本纪》《秦本纪》,日藏唐钞本《河渠书》残卷,日本早稻田大学藏古活字本《史记·司马相如列传》,日本宫内厅藏镰仓写本《史记·高祖本纪》《范雎蔡泽列传》,日本延久五年抄本《史记·吕后本纪》《史记·孝景本纪》,日本东北大学图书馆藏钞本《孝文本纪》。

中华书局1959年出版顾颉刚等《史记》点校本(以金陵书局本为底本),2013年出版赵生群等《史记》点校本修订本,二本都以金陵书局本为底本。兹依据中华书局2013年版修订本为底本作校补。

引用各类书所据版本为:《治要》日钞本、天明刊本,《书钞》孔广陶校刻本,《初学记》古香斋本,《类聚》南宋刻本,《御览》景宋本。

1. 轩辕之时,神农氏世衰。诸侯相侵伐,暴虐百姓,而神农氏弗能征

《正义》:《帝王世纪》云:"神农氏……又曰魁隗氏,又曰连山氏,又曰列山氏。"《括地志》云:"厉山在随州随县北百里,山东有石穴。曰神农生于厉乡,所谓列山氏也。春秋时为厉国。"

【按】泷川资言曰:"博士家本《史记异字》引枫山、三条、南化本云:'"能征"之征,作"正"'。"水泽利忠曰:"征,南化、枫、棭、三、狩、中彭、中韩'正'。"王叔岷曰:"征,《御览》卷三〇四引作'正',征犹正也。"王说非是,"正"乃省借字。佚名《灵宝五符经》卷上引作"明主弗能正也"[①],已作"正"字,日钞本《治要》卷11引亦作"正"(天明刊本作"征")。征,伐也。《正义》所引,"列""厉"并"连"字声转。《水经注·㵐水》:"㵐水北出大义山,南至厉乡西,赐水入焉。水源东出大紫山,分为二水,一水西径厉乡南,水南有重山,即烈山也。山下有一穴,父老相传,云是神农所生处也。故《礼》谓之烈山氏……亦云赖乡,故赖国也,有神农社。赐水西南流入于㵐,即厉水也,赐、厉声相近,宜为厉水矣。"《后汉书·郡国志》刘昭注引《荆州记》:"县北界有重山,山有一穴,云是神农所生。"《初学记》卷七引盛弘之《荆州记》:"隋郡北界有厉乡村[②],村南有重山,山下有一穴,父老相传云神农所生。""赖""赐"又"厉"音转。"连山"即"重山"之谊,指山之重叠相连。《周易》卷首郑康成注:"连山者,象山之出云连连不绝。"郑说"云连连不絶",未确。张文虎谓《正义》所引《括地志》"山东有石穴曰神农生于厉乡"有讹误,是也,但改"曰"作"昔"则未

---

① 《灵宝五符经》必是晋代前古书,晋葛洪《抱朴子内篇·僊药》引《灵宝五符》,梁陶弘景《真诰》卷二十:"杨书《灵宝五符》一卷。"

② 《太平寰宇记》卷一四四、《玉海》卷二四、《路史》卷三九引同,《御览》卷一八九引"厉"误作"庙"。

确。施之勉从张说，谓“曰”是“昔”脱误，亦非。新版《史记》点校本第57页《校勘记》只说有讹误，未从张说校“曰”作“昔”，慎也。“山东”疑“重山”误倒，疑当作“[有]山东(重山)，[山下]有石穴，[父老相传]曰神农生于厉乡”。《御览》卷七八引《荆州图记》:“永阳县西北二百三十里厉乡，山东有石穴，昔神农生于厉乡，《礼》所谓烈山氏也。”亦误。

2. 于是轩辕乃习用干戈，以征不享，诸侯咸来宾从

《索隐》:谓用干戈以征诸侯之不朝享者。本或作“亭”，亭训直，以征诸侯之不直者。

【按】洪颐煊曰:“《诗·韩奕》‘干不庭方’，毛传:‘庭，直也。’《国语·周语》‘以待不庭不虞之患’，韦昭注:‘庭，直也。’《左氏·襄十六年传》‘同讨不庭’。‘不亭’即‘不庭’，古字通用。”向宗鲁从洪说。瞿方梅曰:“‘享’字是也。《周本纪》曰‘宾服者享’、‘有不享则修文’，又曰‘予必以不享征之’。”池田、施之勉从瞿说。吴国泰曰:“《说文》:‘享，献也。’”王叔岷曰:“《御览》卷304引‘习’作‘集’。”《御览》引“咸”作“或”，王氏失校。《御览》并形声相近而误。享，《御览》、《册府元龟》卷五、《宾退录》卷七引同;作“亭”乃形讹。《大戴礼记·五帝德》:“(禹)举干戈以征不享不庭无道之民。”“亭”也可能是“庭”声误，佚名《灵宝五符经》卷上引正作“不廷”。“不庭”也作“不廷”“不宁”，犹言不来朝。[1] 不享，犹言不行享献、进贡之礼也，吴国泰说是。《索隐》说“亭训直”，误也。

3. 而蚩尤最为暴，莫能伐

《集解》:瓒曰:《孔子三朝纪》曰:“蚩尤，庶人之贪者。”

【按】王叔岷曰:“《书·吕刑》疏引‘暴’下有‘虐’字，‘伐’下有‘之’字。”佚名《灵宝五符经》卷上引作“而蚩尤最为暴，莫之能伐”，《御览》卷三〇四引同今本。今本“莫”下脱“之”字。《孔子三朝纪》“贪”，《汉书·高帝纪》颜师古注引臣瓒、《太平寰宇记》卷四六引同，《大戴礼记·用兵》亦同[2];《四库考证》、杭世骏《疏证》指出《周礼·肆师》贾公彦疏引《三朝记》作“强”，按许慎《五经异义》引《三朝记》亦作“强”。

---

① 参见杨伯峻:《“不廷”“不庭”说》，《中国语文》1963年第4期;又收入《杨伯峻学术论文集》，岳麓书社1984年版，第55～59页。

② 《御览》卷二七〇、《永乐大典》卷八二七五引《大戴》同今本，是旧本固作“贪”字。

4. 治五气，蓺五种

《集解》：王肃曰："五行之气。"骃案：蓺，树也。《周礼》曰"谷宜五种"，郑玄曰："五种，黍、稷、菽、麦、稻也。"

《索隐》：谓春甲乙木气，夏丙丁火气之属，是五气也。艺，种也，树也。五种即五谷也。

《索隐》：蓺音鱼曳反。种音肿。

【按】(1)水泽利忠曰："蓺，庆、中统、彭、游、索、南、殿'艺'。"淳熙本、乾道本亦作"艺"，《永乐大典》卷八二七五引同，明刊本《镡津文集》卷八引形误作"蓻"(元刊本作"蓺"不误)。佚名《灵宝五符经》卷上引作"治艺五种"，脱"五气"二字。《黄帝内经素问·六节藏象论》："天食人以五气，地食人以五味。"下文分别以"夏气、秋气、冬气、春气、土气"解说之，王冰注称"五气"为臊气、焦气、香气、腥气、腐气。下文"治气以教化"，亦谓治五气。(2)向宗鲁曰："蓺五种，《大戴》、《家语》并作'设五量'，王肃云：'五量，权衡、斗(升)斛、尺丈、里步、十百。'"《类聚》卷一一引《帝王世纪》亦作"设五量"。宋人陈祥道《礼书》卷一〇三引《汉书·律历志》"量者，龠、合、升、斗、斛也"说之，王聘珍、孔广森说同[①]。王、陈、孔说皆误。"埶""设"二字上古音相近，文献中有大量读埶为设的用例[②]。《大戴》之"设"当据本书读作"蓺"。"量"是"重"形误，"重"是"种"省文。《书钞》卷十七引《大戴》、《玉海》卷八引《家语》并同今本，是唐人已误。《五行大义》卷五引《礼含文嘉》"治五气，设五星"，"星"亦误。五种即五谷之种，《吕氏春秋·贵信》："秋之德雨，雨不信，其谷不坚，谷不坚则五种不成。"《淮南子·泰族训》："后稷垦草发菑，粪土树谷，使五种各得其宜[③]，因地之势也。"是其确证。五谷之种，具体所指不一。郑玄谓黍、稷、菽、麦、稻为五种，《汉书·地理志》颜师古注说同；《汉书·食货志》"种谷必杂五种"颜师古注谓黍、稷、麻、麦、豆为五种，睡虎地秦简《日书》乙种"五种忌日"又以禾、麦、黍、叔(菽)、稻为五种。治五气、蓺五种者，谓因其天时而种植五谷，与"五量"无涉。

---

① 王聘珍：《大戴礼记解诂》，孔广森：《大戴礼记补注》，并转引自方向东《大戴礼记汇校集解》，中华书局2008年版，第697页。

② 参见裘锡圭：《再谈古文献以"埶"表"设"》，何志华、沈培等编《先秦两汉古籍国际学术研讨会论文集》，社科文献出版社2010年版；又《裘锡圭学术文集》卷四，复旦大学出版社2012年版，第484～495页。

③ 《御览》卷八三七引"使五种"作"使五谷之五种"。

5. 抚万民，度四方

《集解》：王肃曰："度四方而安抚之。"

【按】《大戴礼记·五帝德》《家语·五帝德》同。佚名《灵宝五符经》卷上引"抚"上有"拯"字。《文选·景福殿赋》"望祠山川，考时度方"，李善注引本书，又引王齐（肃）注："隔定四方而抚安之。"《家语》王肃注作："商度四方而安定之。"王聘珍曰："度，计量也。"孔广森曰："度地宅民。"[①]池田从孔说。余谓"度四方"即《尚书·吕刑》"度作刑，以诘四方"，《释文》引马融曰："度，法度也。"此文作动词用。

6. 披山通道

《集解》：徐广曰："披，他本亦作'陂'字[②]。盖当音诐。陂者，旁其边之谓也。'披'语诚合今世，然古今不必同也。"

《索隐》：披音如字，谓披山林草木而行以通道也。徐广音诐，恐稍纡也。

【按】《集解》"音诐"，黄善夫本、绍兴本、淳熙本、乾道本误作"为诐"。披，《御览》卷五六引同，《后汉书·冯衍传》《西域传》李贤注引作"陂"。《河渠书》："佗小渠披山通道。"《汉书·沟洫志》"披"作"陂"，颜师古曰："陂山，因山之形也。道，引也。陂音彼义反。道读曰导。一曰：陂山，遏山之流以为陂也，音彼皮反。"颜氏二说皆误。"道"即"道路"之道，不读作导训引。下文云："唯禹之功为大，披九山，通九泽，决九河，定九州岛。"《说苑·修文》作"禹陂九泽，通九道，定九州岛"，二文可互订，当作"披（陂）九山，通九道，决九河，定九州岛"。"披（陂）九山通九道"即此文"披山通道"也。《索隐》说是，池田从之。《六书故》："披，拨开也。《史记》曰'披山通道'。"其说亦近是。披、陂，并读为柀。《说文》："柀，一曰折（析）也。"[③]犹言分开。《广韵》："披，开也。"俗字或作刜，《集韵》："刜，刀析也。""披山"即"随山刊木"之谊，指斫山上的树枝。《说文》："栞，槎识也。《夏书》曰：'随山栞木。'读若刊。"《系传》："木识，谓随所行林木，斫其枝为道记识也。开盖其斫木低折状。随其行山路栞之也。《史记》述黄帝'披山通道'，是也。"亦称作"槎山通道"，见

① 王聘珍、孔广森说并转引自方向东《大戴礼记汇校集解》，中华书局 2008 年版，第 697 页。

② "字"字新点校本属下句。

③ 段玉裁改"折"为"析"。（段玉裁《说文解字注》，上海古籍出版社 1981 年版，第 242 页）

《三国志·魏延传》。"槎"谓邪斫树木也。"陂"是披山通道的专字，故从自，与表示山坡的"陂"是同形异字。《说文》："披，从旁持曰披。"段玉裁曰："披、陂皆有旁其边之意，中散能知之。而《索隐》云云，此则司马贞不知古义之言。盖俗解训披为开，《广韵》云：'披，开也，分也，散也。'《木部》柀训析也，'柀靡'字如此作。而浅人以披训析，改'柀靡'为'披靡'，莫有能谛正者。"向宗鲁、王叔岷从段说。查德基、施之勉亦从徐广说，皆非是。

7. 登鸡头

《索隐》：山名也。后汉王孟塞鸡头道，在陇西。一曰崆峒山之别名。

《正义》：《括地志》云："笄头山一名崆峒山，在原州平高县西百里，禹贡泾水所出。《舆地志》云：'或即鸡头山也。'"

【按】张森楷曰："'鸡头'即'笄头'，本作'开头'，《汉书·地理志》安定郡泾阳下开头山在西，即鸡头也。"张说是也，鸡、笄(开)一声之转。《礼记·问丧》郑玄注："鸡斯，当为'笄纚'，声之误也。"《吕氏春秋·季夏纪》《淮南子·说林训》高诱注并云："蚈，读蹊径之蹊也。"《淮南子·时则训》高诱注："蚈，音溪。"《周礼·夏官·大驭》《释文》："軒，刘音鸡。"并是其证。《急就篇》卷四颜师古注又作"汧头山"。

8. 以师兵为营卫

《正义》：环绕军兵为营以自卫，若辕门即其遗象。

【按】师兵，《治要》卷十一、《初学记》卷九、《御览》卷七九、三三五引同，《御览》卷一五七、《玉海》卷八八、《事物纪原》卷九引倒作"兵师"。"营卫"同义连文，《正义》说误。《玄应音义》卷四"营卫"条引《仓颉篇》："营，卫也。"

9. 举风后、力牧、常先、大鸿以治民

《正义》：《封禅书》云："鬼臾区号大鸿，黄帝大臣也。死葬雍，故鸿冢是。"《艺文志》云"《鬼容区兵法》三篇"也。

【按】《汉书·郊祀志》"黄帝问于鬼臾区"，颜师古曰："鬼臾区，黄帝臣也。《艺文志》云'鬼容区'，而此《志》作'臾区'。臾、容声相近，盖一也。今流俗书本'臾'字作'申'，非也。"颜说是也，臾、容一声之转。"从谀""纵臾"音转作"从容"，《说文》"鹆"或作"鸲"，是其比。

10. 时播百谷草木

《集解》：王肃曰："时，是也。"

《正义》：言顺四时之所宜而布种百谷草木也。

【按】吴国泰曰:“时者,‘莳’之省文。”泷川资言说同,蒋礼鸿从其说。王叔岷曰:“《家语》作‘播时百谷’。王肃注‘时,是也’,则所据正文亦必作‘播时’。下文‘汝后稷播时百谷’,《集解》引郑玄曰:‘时读曰莳。’《广雅》:‘莳,种也。’此文时亦当训种,于义为长。”吴、王说“时”读作莳,是也,其说本于段玉裁。[①] 但王氏乙作“播时”则误。《家语》作“播时”,王肃顺其文误训作“是”(其说实本于《尚书·舜典》孔传),《集解》取其说,不能必定本书亦作“播时”。佚名《灵宝五符经》卷上、《治要》卷十一、《长短经·君德》引作“时播”,《大戴》同。[②] “时播”是同义连文,故《家语》倒作“播时”[③]。又“草木”不可言播种,《家语·五帝德》“草木”上有“尝味”二字,佚名《灵宝五符经》卷上引已脱,《大戴》亦脱。《初学记》卷二十引《帝王世纪》:“黄帝使岐伯尝味草木,典医疗疾。”

11. 淳化鸟兽虫蛾

《索隐》:蛾音牛绮反。一作“豸”。(豸)言淳化广被及之。

《正义》:蛾音鱼起反。又音豸,豸音直氏反。蚁,蚍蜉也。《尔雅》曰:“有足曰虫,无足曰豸。”

【按】乾道本正文“蛾”误作“娥”,注文《索隐》不误。方以智谓蛾读为蚁,丁晏、吴玉搢、顾蔼吉、何焯、池田、向宗鲁、王叔岷说同[④],《册府元龟》卷五八引正作“蚁”。马王堆帛书《胎产书》“毋令虫蛾能入”,亦即“虫蚁”。《新序·杂事二》“下为虫蛾食已”,《御览》卷四五七引作“虫蚁”,《战国策·楚策四》作“蝼蚁”。佚名《灵宝五符经》卷上引“虫蛾”作“蚕桑”,盖误解“蛾”为“蚕蛾”[⑤],因改作“蚕桑”。《索隐》所见一本“蛾”作“豸”,是异文,《正义》说“蛾,又音豸”,邵晋涵从其说[⑥],郝懿行谓“豸通作蛾”[⑦],邹汉勋谓“蛾之与豸,当为

---

① 参见段玉裁:《古文尚书撰异》卷一,收入《四部要籍注疏丛刊》,中华书局1998年版,第1813页。

② 《书钞》卷八引同今本。

③ 参见王引之说,王说转引自王念孙《广雅疏证》,收入徐复主编《广雅诂林》,江苏古籍出版社1992年版,第775页。

④ 方以智:《通雅》卷一,收入《方以智全书》第1册,上海古籍出版社1988年版,第89~90页。吴玉搢:《别雅》卷三,收入《丛书集成新编》第38册,新文丰出版公司1985年版,第360页。顾蔼吉:《隶辨》卷三,中国书店1982年影印康熙五十七年玉渊堂刻版,第336页。

⑤ “蚕蛾”字《说文》作“蝨”,与“蛾”别。

⑥ 邵晋涵:《尔雅正义》卷十六,收入《续修四库全书》第187册,上海古籍出版社2002年版,第274页。

⑦ 郝懿行:《尔雅义疏》卷下之三,上海古籍出版社1983年版,第1168页。

通借字。虫蛾即虫豸，而蛾不仅目蚍蜉也”①，皆非是。《列子·黄帝》“末聚禽兽虫蛾”，《释文》引《尔雅》：“有足曰虫，无足曰蛾。”今《尔雅》作“有足谓之虫，无足谓之豸”，《说文》“虫”字条说同，是《列子释文》所见本亦是“豸”字，《释文》又指出“一本作‘虫蚁’”，即今本之“虫蛾”。林伯桐谓《正义》说“最为包括”，何焯说“偏而不举”，则是不知“豸”“蚁”字异。

12. 劳勤心力耳目，节用水火材物

《正义》：节，时节也。水，陂障决泄也。火，山野禁放也。材，木也。物，事也。《大戴礼》云：“孔子曰：‘劳勤心力耳目，节用水火材物。’”

【按】今本《大戴》脱“勤”字，余同。《家语》作“劳耳目，勤心力，用水火财物以生民”。材，《大戴》同，日钞本《治要》卷十一引作“财”（天明刊本作“材”），《后汉书·冯衍传》李贤注、《御览》卷七九、八三七引《大戴》同。材物，即“财物”，《册府元龟》卷五六、五八、七五引正作“财物”，《后汉书·冯衍传》李贤注、《御览》卷七九、八三七引《大戴》同。《正义》误也。材，《治要》卷十一引同，佚名《灵宝五符经》卷上引误作“什”，《长短经·君德》引误作“时”（王叔岷谓“时”是“财”误）。下文“取地之财而节用之”，《灵宝五符经》引“财”作“物”，亦指财物。《晏子春秋·内篇问下》“称财多寡而节用之”，亦同。

13. 黄帝居轩辕之丘，而娶于西陵[氏]之女，是为嫘祖

《集解》：徐广曰：“祖，一作‘俎’。嫘，力追反。”

《索隐》：一曰“雷祖”，音力堆反。

《正义》：嫘，一作“傫”。

【按】向宗鲁曰：“嫘祖，《御览》卷一三五引作‘累祖’（卷七九作‘嫘’，盖据今本改），《汉书·人表》作‘絫祖’。”王叔岷曰：“《正义》引一本‘嫘’作‘傫’，《路史》作‘儽’，‘傫’即‘儽’之省。《御览》卷七九引‘嫘’下有注云：‘音缧。’卷一三五引‘嫘’作‘累’，引《帝王世纪》同。”佚名《灵宝五符经》卷上引作“累祖”。《山海经·海内经》：“黄帝妻雷祖，生昌意。”郭璞注引《世本》：“黄帝娶于西陵氏之子，谓之累祖，产青阳及昌意。”《国语·晋语四》：“黄帝之子……青阳方雷氏之甥也。”韦昭注：“方雷，西陵氏之姓也。《帝系》曰：‘黄帝取于西陵氏之子，曰累祖，实生青阳。”今本《大戴礼记·帝系》作“嫘祖”。《汉书·古今人表》有“絫祖氏”。《集韵》：“嫘、嫘：嫘祖，黄帝妃，西陵氏

① 邹汉勋：《读书偶识》卷十，中华书局2008年版，第217页。

女，或从累，通作累。”西陵氏女姓方雷，《路史》卷十六作“方傫氏”。“雷”是其本字，“傫”“絫”是其同音借字，“嫘”“㜢”“傫”“儽”又其增旁分别字。

14. 黄帝崩，葬桥山

《集解》：《皇览》曰：“黄帝冢在上郡桥山。”

《索隐》：《地理志》桥山在上郡阳周县，山有黄帝冢也。

《正义》：《尔雅》云：“山锐而高曰桥也。”

【按】《尔雅》：“（山）锐而高，峤。”《释文》：“峤，《字林》作‘嶠’，云：‘山锐而长也。’”桥，读作乔。《说文》：“乔，高而曲也。”山高皃的专字作“峤（嶠）”。《释名》：“山锐而高曰峤[①]，形似桥也。”《汉书·楚元王传》刘向上疏：“黄帝葬于桥山。”《汉纪》卷二六作“乔山”。《御览》卷七九引《帝王世纪》：“（黄帝）葬于上郡阳周之乔山。”

15. 静渊以有谋，疏通而知事

【按】吴国泰曰：“《说文》：‘静，审也。’言帝能审慎深渊而有谋略也。”王叔岷曰：“《后汉书·冯衍传》注引‘静渊’作‘沈深’，《类聚》卷十一引‘渊’作‘深’，唐人避高祖讳改。《大戴礼·五帝德篇》‘静渊’作‘洪渊’。”《类聚》卷十一引作“静深”，佚名《灵宝五符经》卷上引作“渊淳”，《开元占经》卷一二〇引《大戴》“洪渊”作“端拱”。“拱”是“洪”形误，因易作“端拱”。“静渊”倒言则作“渊静”，渊者，深也。静，沉静，本字作“竫”，吴国泰说误。《庄子·天地》：“渊静而百姓定。”又《在宥》：“其居也渊而静。”《家语》脱“静”字。

16. 养材以任地，载时以象天

《索隐》：言能养材物以任地。《大戴礼》作“养财”。载，行也。言行四时以象天。《大戴礼》作“履时以象天”。履亦践而行也。

【按】王叔岷曰：“今本《大戴礼》作‘养材’，《家语·五帝德篇》作‘养财’。材、财古通。《家语》‘载’亦作‘履’。”佚名《灵宝五符经》卷上引作“养财”，《开元占经》卷一二〇引《大戴》同，《书钞》卷十引《大戴》作“养才”。材指财物，时指四时。《书钞》卷五有“履四时以象天”，孔广陶谓《史记》、《大戴》脱“四”字[②]，非是，《书钞》卷十引《大戴》亦无“四”字。

---

① 今本误作“土锐而长曰峤”，据《初学记》卷五、《御览》卷三八所引改。

② 《北堂书钞》卷五（孔广陶校注本），《续修四库全书》第1212册，上海古籍出版社2002年版，第86页。

17. 动静之物，大小之神，日月所照，莫不砥属

《集解》：王肃曰："砥，平也。四远皆平而来服属。"

《索隐》：依王肃音止蜀，据《大戴礼》作"砥砺"也。

《正义》：砥，磨石也，取其平也。（据《考证》本）

【按】吴汝纶曰："'砥'、'底'同字，至也。砥属，犹言来服也。"施之勉从其说。王叔岷曰："'砥属'疑本作'砥厉'。《书钞》卷十引作'底属'，属，俗属字。今本《家语》亦作'底属'。'底'当作'厎'，'厎'与'砥'同。'属'当作'厉'。'砥厉'复语，义亦为平。今本《大戴礼》作'祗励'，乃'砥厉'之借字。《御览》卷七九引《大戴》作'砥砺'，《长短经》注亦作'砥砺'。"王念孙校《大戴》曰："'祗励'本作'祗属'。祗，敬也，言四海之外，莫不敬属，犹《皋陶谟》言'敢不敬应'也。此文言'莫不祗属'，下文言'莫不从顺'、'莫不说夷'、'莫不宾服'，皆凡有血气莫不尊亲之谓，无取于砥砺也。动静之物，大小之神，又不得言砥砺也……故《开元占经·龙鱼虫蛇占》引《大戴》作'祗厉'，而后人遂改'祗厉'为'砥砺'，谬矣。自小司马所见本已作'砥砺'，而孔又为之说曰'砥砺，喻平均也'，其失也凿矣。《史记》作'砥属'，《家语》作'底属'……虽'砥'、'底'与'祗'异文，而下一字皆作'属'，且'属'与'木'为韵（此篇文多用韵）……若作'厉'、'励'、'砺'，则皆失其韵矣。"[①]池田说同王氏，当即袭其说耳。张家英从王念孙说。王叔岷解全误，王念孙说得失参半。砥属，《治要》卷十一、《类聚》卷十一、《玉海》卷十七、《永乐大典》卷一〇一一二引同（日钞本《治要》"砥"作俗字"砥"），《书钞》卷十引作"庢属"（"庢"即"底"俗字），《记纂渊海》卷六十引《大戴》亦作"砥砺"，四库本《开元占经》卷一二〇引《大戴》作"祗属"（与王氏所见本作"祗厉"不同）。吴汝纶说是也，此二字当作"底属"，《书钞》所引及《家语》不误。底，至也，字亦作抵。《广雅》："抵，至也。"《史记·天官书》《索隐》："抵，属也。"《大戴》作"祗"，即"抵"形误。底属，犹言归属。《真诰·稽神枢》作"莫不属焉"，《后汉书·郡国志》刘昭注作"莫不底焉"，虽各用单音词，亦得其谊。方向东曰："祗读曰底，应训为至。励读曰属。底属，来至归服之义。"[②]方氏亦得其谊，但以"底"为本字，"励读曰属"，则误也。

---

① 王说转引自王引之《经义述闻》卷十二，江苏古籍出版社1985年版，第290～291页。

② 方向东：《大戴礼记汇校集解》，中华书局2008年版，第709页。

18. 高辛父曰蟜极

《正义》:蟜音居兆反。本作"桥",音同。

【按】王叔岷曰:"《家语》作'乔极',《路史》作'侨极',亦同。"蟜极,《大戴》同,佚名《灵宝五符经》卷上引作"乔极",《礼记·祭法》孔疏引《大戴》亦作"乔极",《尚书·舜典》孔疏引《大戴》及《世本》作"侨极",《汉书·古今人表》亦作"侨极"。《慧琳音义》卷九七引王道珪《帝纪》:"帝喾高辛氏,黄帝曾孙乔极之子。"

19. 高辛生而神灵,自言其名

《正义》:《帝王纪》云:"帝佶高辛,姬姓也。其母生见其神异,自言其名曰岌。"

【按】张文虎曰:"岌,《索隐》作'夋'[①],《初学记》引《世纪》同,盖形近讹为'岌'。"郭嵩焘、池田从其说。施之勉曰:"《初学记》卷九引《帝王世纪》云'自言其名曰夋',《御览》卷八十引《帝王世纪》云'自言其名曰逡'。《正义》作'岌'误。"新版《史记》点校本第58页《校勘记》:"岌,疑当作'夋'。上文《索隐》引皇甫谧作'夋'。《金楼子·兴王》、《初学记》卷九引《帝王世纪》亦作'夋'。"其说是也,《五行大义》卷五引《文耀钩》亦作"逡",同"夋",《山海经·大荒东经》称作"帝俊"。《路史》卷一八:"高辛,曰喾,一曰逡。"罗苹注:"见《世纪》。一作'夋'。《山海经》作'俊',言帝俊处甚多,皆谓喾。郭景纯皆以为舜,谓舜、俊声相近,失所考矣。"沈钦韩曰:"帝后(俊)即帝喾也,郭璞注为帝舜,误。"[②]

20. 普施利物,不于其身

【按】吴国泰曰:"普施者,'溥敂'之借。"其说是也。《大戴》"普"作"博",博亦读作溥。

21. 顺天之义,知民之急

【按】泷川资言曰:"'急'字当依《戴记》作'㥯',读如'勤恤民隐'之隐。"施之勉曰:"《路史·后纪九》亦作'急'。"戴震校《大戴》曰:"袁氏本'急'作'㥯',

---

① 引者按,上文《索隐》引皇甫谧云"帝喾名夋也",《初学记》卷九引同,字作"夋"。

② 沈钦韩:《汉书疏证》卷六,收入《续修四库全书》第266册,上海古籍出版社2002年版,第185页。

义当作'隐'。"[①]王引之校《大戴》曰:"知民之急,元、明本及《史记·五帝纪》并同,宋本'急'作'㥯',朱本改'㥯'为'隐'。孔氏《补注》曰:'㥯,痛也。读如勤恤民隐之隐。'引之谨案:元、明本从《史记》作'急'是也。宋本作'㥯'即'急'字之讹。或改'㥯'为'隐',或即以'㥯'为'隐'字,皆非也。'急'与'服'为韵……若作'㥯'则失其韵矣……《家语》袭用此篇之文,而改'知民之急'为'知民所急',则原文本是'急'字又可知。"[②]泷川氏乃袭孔说,池田从孔说,皆非是。王说是也,佚名《灵宝五符经》卷上引正作"急",《路史》卷十八同。《御览》卷二六引《尚书大传》:"知民之缓急。"[③]《秦始皇本纪》:"以佐百姓之急。"

22. 其色郁郁,其德嶷嶷

《索隐》:郁郁犹穆穆也。嶷嶷,德高也。今案:《大戴礼》"郁"作"神","嶷"作"俟"。

【按】钱大昕曰:"今《大戴礼》亦作'郁郁'、'嶷嶷',与小司马所见本不同,盖后人据《史记》转改。"池田从钱说。王叔岷曰:"《御览》卷八十引《大戴礼》'郁'作'蟜','嶷'作'涘'。"施之勉校同王氏。《治要》卷十一、《长短经·君德》、《御览》卷八十引本书同今本(《御览》卷八十又引《大戴》,王、施二氏已出校),佚名《灵宝五符经》卷上引作"其色恢恢,其德巍巍"。"嶷嶷"同"薿薿""儗儗","儗儗"脱误作"俟俟",又误作"涘涘"矣。山高貌为嶷,草盛貌为薿,禾盛貌为□,德盛貌为儗,其义一也。改"嶷嶷"作"巍巍",乃臆改。改"郁郁"作"恢恢""蟜蟜",不通。

23. 帝喾溉执中而徧天下

《集解》:徐广曰:"古'既'字作水旁。'徧'字一作'尹'。"

《索隐》:即《尚书》"允执厥中"是也。

《正义》:溉音既。言帝俈治民,若水之溉灌,平等而执中正,徧于天下也。

【按】洪颐煊曰:"溉,古通作'概'字。概,平也。言平执中以徧及于天下。"李笠曰:"'溉'当为'既'之借字,张氏曲为之说,非也。《大戴礼·五帝德篇》'徧'作'获',孙诒让《斠补》曰:'获天下,《史记》作"徧天下",义并难

---

① 戴震:《再与卢侍讲书》,《东原文集》卷三,《戴震全书》第6册,黄山书社1994年版,第288页。

② 王引之:《经义述闻》卷十二,江苏古籍出版社1985年版,第291页。

③ 《礼记·月令》孔疏引《书纬考灵耀》《说苑·辨物》同。

通。此获当为护之叚字。护犹云辨护也。辨、护皆理董监治之义。'笠按：孙说是也。《家语》云'育护天下'，'育护'亦即'辨护'之意。'偏'盖即'辨'之叚音。《大戴礼》当依《家语》作'护'。《史记》自作'辨'，与彼字异义同。《集解》引一本作'尹'，《说文》：'尹，治也。'《尔雅》：'尹，正也。'亦并与理董监治义合。"泷川资言从洪、孙、李说，池田从李笠说谓"溉"即"既"。吴国泰曰："溉者，'概'之借字。概者，量也。概量犹权衡也。言权衡事物能用中道而偏及于天下也。"王叔岷曰："张守节《论字例》云：'既字作溉，缘古少字，通共享之。'是此'既'之作'溉'，正存《史记》之旧。而《正义》乃以'溉灌'字释之，岂非望文生训者邪！'偏'借为'辨'，《说文》：'辨，治也。'一本'偏'作'尹'，尹亦治也。《大戴礼》作'获'，《家语》作'育护'。'获'借为'育护'字。'育护'与'治'义近。"佚名《灵宝五符经》卷上引作"帝喾既执中而尸天下"，《大戴》作"执中而获天下"，《家语》作"育护天下"。"溉"是"既"增旁借字，李笠说是。王氏读偏作辩，是也，"辨"亦借字。一本"偏"作"尹"，李、王二氏训治，义固得通。《五符经》作"尸"，尸亦主治义。然"尹""尸"形近，余谓是"偏"字脱误。诸家谓"获"当作"护"，余谓"获""护"当作"权"，形近而讹。《孟子·尽心上》："子莫执中，执中为近之，执中无权，犹执一也。"孟子言执中而知权衡之，故《大戴》言"执中而权天下"。《家语》"育"是衍文。"执中"固即《尚书》"允执厥中"，亦即《老子》第5章之"守中"，《越绝书·越绝外传枕中》范蠡所谓"执其中和"也。

24. 日月所照，风雨所至，莫不从服

【按】王叔岷曰："《书钞》卷十、《类聚》卷十一引'服'并作'助'。"佚名《灵宝五符经》卷上、日钞本《治要》引亦作"助"（天明刊本《治要》作"服"），《御览》卷八十、《玉海》卷十七、《册府元龟》五八引仍作"服"，《大戴》作"顺"，《家语》作"化"。"助"是"服"形讹。《秦始皇本纪》："日月所照，莫不宾服。"张玉春曰："似作'助'、作'顺'均较作'服'义切。"其说非是，"顺""服"一义，怎见得作"服"不切，又怎见得《秦始皇本纪》亦不切？

25. 娶娵訾氏女，生挚

《正义》：《帝王纪》云"帝佶有四妃……次妃娵訾氏女，曰常仪，生帝挚"也。

【按】正文"挚"，各本同，独淳熙本、池田本作"摯"。《帝王纪》"帝挚"，

《类聚》卷十一、《御览》卷八十引并作“帝摯”[①]。《慧琳音义》卷八六引《世本》：“娵訾，帝喾次妃，生帝挚。”《类聚》卷十五引作“帝摯”。《五行大义》卷五引《礼含文嘉》：“少昊金天氏，姬姓，名挚，字青阳。”《御览》卷七九引《帝王世纪》：“少昊帝名挚，字青阳。”《类聚》卷十一、《初学记》卷九引作“名摯”。“摯”是“挚”形讹。今本《竹书纪年》卷上：“帝挚少昊氏。”《大戴礼记·帝系》：“帝喾……次妃，娵訾氏之女也，曰常仪氏，产帝挚。”《左传·昭公十七年》：“我高祖少皞挚之立也，鳳鸟适至，故纪于鸟，为鸟师。”《释文》：“挚，音至。”帝挚纪于鸟，为鸟师，即取名于鸷鸟。《释文》音至，其字必当从执得声。《文选·七命》李善注、《御览》卷九一五引《左传》皆误作“摯”，《家语·辩物》误同。《逸周书·尝麦解》：“乃命少昊清司马鸟师，以正五帝之官，故名曰质。”“质”是“挚”音转（《逸周书》盖训质为正），尤足证其字当从执作“挚”。《路史》卷十六：“小昊青阳氏，纪姓，名质，是为挈。”罗苹注：“‘质’、‘贽’同，故史传多云‘名挚’，而以为高辛之子，误矣。《世纪》云‘少皓名挚’，亦见《世本》，宜与‘挚’通。即考‘挈’本作‘絜’，乃契刻字，故《年代历》云：‘少昊名絜，或云名契。’”罗说“质”与“挚”通，是也，但说与“挈(絜、契)”通，则误。考《大戴礼记·帝系》“帝喾十其妃，喾之子而皆有天下，上妃有邰氏之女也，曰姜嫄氏，产后稷；次妃有娀氏之女也，曰简狄氏，产契[②]；次妃曰陈隆氏，产帝尧；次妃曰陬訾氏，产帝挚。”是简狄氏之子名契[③]，陬訾氏之子名挚，是二人耳，《年代历》误混，而罗氏不辨。

26. 富而不骄，贵而不舒

《索隐》：舒犹慢也。《大戴礼》作“不豫”。

【按】池田曰：“《大戴礼》‘舒’作‘豫’，乐也。”吴国泰曰：“作‘豫’者本字，作‘舒’者借字也。《说文》：‘舒，伸也，一曰：缓也。’‘豫，象之大者。’引申为大义。贵而不豫者，犹言贵而不自尊大也。”王叔岷曰：“《论语·学而篇》：‘富而无骄。’《逸周书·小开解》：‘贵而不傲，富而不骄。’《索隐》释舒为慢，不慢犹不傲也。《家语·五帝德》作‘能降’，不傲即能降矣。《大戴礼》‘舒’作‘豫’，古字通用。”王说是也，而尚探本。舒、豫，并读作纾，宽缓、怠慢。《说文》：“纾，缓也。”又：“舒，一曰缓也。”“舒”正是“纾”借字。《范雎蔡泽列

---

① 《类聚》据宋刊本，明嘉靖本同，四库本作“帝挚”。下同。

② 一本“契”误作“弃”，“弃”即后稷。《御览》卷一三五引《世本》：“帝喾次妃，有娀氏之女简狄，是产契。”《毛诗谱·商颂谱》：“有娀氏之女名简狄者，吞鳦卵而生契。”《列女传》卷一：“契母简狄者，有娀氏之长女也……简狄得而含之，误而吞之，遂生契焉。”

③ 《说文》：“偰，高辛氏之子，尧之司徒，殷之先也。”“偰”同“契”。

传》："贵富而不骄怠。""怠"字是其谊也。《管子·形势解》："贵而不骄，富而不奢。"又《霸言》："贵而无礼者复贱……富而骄肆者复贫。"《家语·入官》："贵而不骄，富而能供(恭)。"皆足互证。

27. 黄收纯衣

《集解》：徐广曰："纯，一作'纣'。"骃案：郑玄曰："纯衣，士之祭服。"

《索隐》：纯，读曰缁。

【按】纯不得读曰缁，《索隐》以读音改误字也。"纯"一作"纣"，"纣"同"缁"，此是异文。《集韵》："缁，《说文》：'帛黑也。'《周礼》：'七入为缁。'或作纣、纯。"段玉裁、朱骏声、徐灏、邵瑛、郭庆藩、吴国泰都说"纯"是"纣"形误[1]，是也。《玉篇残卷》："纣，《周礼》：'入币紑帛。郑玄曰：'实缁字也。古作缁，以才为声。'""紑"即"纯"俗字，是"纣"形误。今《周礼·媒氏》作"纯帛"。据郑注"古缁以才为声"，是郑氏所据本即作"纣"字，故云"纣，实缁字也"。王念孙曰："纯当读黗。《说文》：'黗，黄浊黖也。'《广雅》：'黗，黑也。'《广韵》：'黗，黄黑色也。'《史记》云云。"[2]王说虽辩，未必当也。孙星衍曰："《五帝本纪》称尧'黄收纯衣'，纯衣即黄黼黻衣，言其元质则曰纯，言其画采有华虫则曰黄也。"[3]池田曰："纯，不驳杂也。"其说皆非是。

28. 象鄂不怿

【按】池田曰："鄂，同'愕'。"王叔岷曰："殿本'鄂'作'愕'。鄂、愕，古、今字。"王说非是。《孟子·万章上》孙奭疏引作"愕"。《说文》："遻(遌)，相遇惊也。""愕"是俗字，"鄂"是借字。

29. 夔夔唯谨

《集解》：徐广曰："夔夔，和敬貌。"

【按】《集韵》："夔，一曰夔夔，悚惧皃。"桂馥曰："《方言》：'㥓，悸也。'郭注：'谓悚悸也。'《集韵》：'㥓与悸同，心动也。'《大禹谟》'夔夔斋栗'，即'㥓㥓'。"[4]胡吉宣说同[5]。池田曰："《孟子》作'夔夔斋栗'，赵注云：'敬慎战惧

---

① 诸说参见《说文解字诂林》，中华书局1988年版，第12674～12675页。

② 王说转引自王引之《经义述闻》卷十，江苏古籍出版社1985年版，第232页。

③ 孙星衍：《虞书五服五章今文论》，《平津馆文稿目录》卷上，《孙渊如诗文集》，《四部丛刊》集部初编本。

④ 桂馥：《说文解字义证》"悸"字条，齐鲁书社1987年版，第904页。桂馥《札朴》卷一说同，中华书局1992年版，第8页。

⑤ 胡吉宣：《玉篇校释》，上海古籍出版社1989年版，第1644页。

貌。'"吴国泰曰:"夔者,惴之借字,忧也。"桂说是也。《集韵》:"憢,憢憢,竦悸也。"《说文》:"侯,左右两视。"又:"睽,目不相听(视)也。"①心有所惧,故左右两视。"憢"是"侯(睽)"的分化字,又音转作"悸",《方言》"憢,悸也"是声训字。《玉篇》:"獀,音葵,又音悸。"《广韵》"侯""獀"与"悸"同音其季切,《集韵》"頯""睽""侯""獀""䫒""踩""棨"与"悸"同音其季切。《文苑英华》卷三五六皮日休《九讽·悲游》旧注:"憢,音悸。"《唐文粹》卷十一同。

① 《易·睽》《释文》引"听"作"视"。

《〈国语〉历代序跋题识辑证》补辑

郭万青*

摘　要:《〈国语〉历代序跋题识辑证》出版之后,又辑得刘克庄、叶邦荣、王光鲁、郑元勳、林鹅峰、顾广圻序跋六篇,这六篇对于全面整理《国语》学术史具有比较重要的文献价值与学术价值。

关键词:刘克庄;叶邦荣;王光鲁;郑元勳;林鹅峰;顾广圻

小书《〈国语〉历代序跋题识辑证》于2018年8月由济南齐鲁书社出版。该书之成,缘起于我从事《〈国语〉汇校集解辑评(〈周语〉卷)》整理与研究的工作。[①]《〈国语〉汇校集解辑评(〈周语〉卷)》这部书主要是汇集历代《周语》校勘和研究成果的,汇集之后案以己意。最初的计划,《〈国语〉汇校集解辑评(〈周语〉卷)》一书包括三部分内容,其中两个部分就是"《国语》历代序跋"和"《周语》汇校集解辑评"。字数积累到150万字左右的时候,感觉不如把历代序跋单独拿出来,再加上题识和一些重要的著录资料单行更为稳妥。于是将历代《国语》序跋题识单独析出,别为一帙,颜其名云《〈国语〉历代序跋题识辑证》,于2015年申报河北省教育厅项目,获批人文社科重点项目。由于我校不是省直属高校,该项目并无分文资助。但结项却催得很急,规定必须按期交结项材料,逾期作废。申报获批本校著作出版基金资助之后,请齐鲁书社先印制了几本以便结项。此后又继续修订增补,于是就有了这部精装本的《〈国语〉历代序跋题识辑证》。其中所收的《中央图书馆所收善本序跋汇录》几篇还请台湾师范大学国文系赖贵三先生帮忙复印,原书仓促未能致谢,甚是失礼,此处补过。

---

* 作者简介:郭万青古典文献学博士,唐山师范学院中文系教授,主要从事古典文献与训诂研究。

① 《〈国语〉汇校集解辑评(〈周语〉卷)》将由中州古籍出版社出版。

该书出版之后，继续翻检书籍，复得《国语》序跋六篇，今为辑补，并略及作者生平著述以及序跋观点和学术价值。今依据撰者时代撮录原文，下加按语，略为辨析。

一、刘克庄《顾贡士文英〈诗传演说、柳氏国语辨非〉后叙》

顾贡士文英《诗传演说》《柳氏国语辨非》后叙

顾贡士文英示余《诗传演说》《柳氏国语辨非》各二十卷，余久欲疏愚管以还贽，忽忽未果，为君贻书督过。时余已丧明，取君书，令子弟展诵，巍坐听之。《诗传》大略如郑夹际，朱文公黜小序，专以经文求作者之意。近世赵南塘谈经，多与先儒异同，惟《诗》不能废郑氏、朱氏之说。尝谓余曰：莆前辈，惟郑渔仲善读书，兄可继之。余昏惰，旧读不记一字，观君所作《演说》，妙年美质，所见廼与朱、郑二先生暗合。后生可畏，岂不信然！《国语辨非》之书，是丘明而非子厚，亦与世之随声结响者绝异。世谓《国语》廼朱修《左传》，非也。子厚于《左传》无疑，而独不取《国语》，亦非也。司马迁云："左丘失明，厥有《国语》。"以《国语》为失明后所作，则《传》成于《国语》之先矣。子厚非其诬，又非其耄。君持论欲与子厚争雄，所谓豪杰之士矣。顾氏自国子博士，干淳间以律赋擅名天下场屋，至今传诵。余先人与博士昆仲辛丑同年，余与君大父行君任、君谋、君房、君审、君立及君尊公云卿明府皆厚善，异哉，萃于一门盛矣哉！

【按】刘克庄(1187～1269)，字潜夫，号后村，南宋词人。著有《后村先生大全集》。本篇出《后村先生大全集》卷一一一。顾文英其人其书，皆不见记载。宋人对《非国语》提出反对意见者比较多，专门著作有林槩《辨国语》、江端礼《非非国语》、刘章《非非国语》以及顾文英《柳氏国语辨非》等。可惜的是，这些驳斥《非国语》的著作都没有流传下来，使得千载而下很难见到柳宗元诸诤友之言。从刘克庄的叙可知，《国语辨非》是从维护左丘明的角度出发的。当然，也间接可以看出，刘克庄同意左丘明为《国语》作者的说法，并根据司马迁之言推断《国语》作于《左传》之后。

二、叶邦荣《国语序》

《国语》序

君子曰:语也者,史之流,春秋之所与也,春秋之时势而已矣。春秋之作,维时而振势者已矣。维政维治,维风维俗,以明失得,以悬顺逆,以勬统纪,所以谂民有上下也。政敝而不可已则离,治敝而不可返则贰,风敝而不可止则流,俗敝而不可解则乱,故君子慎用情焉。是故语者,裒离合贰,坊流纪乱,将以戮实也。不然,则已诡善善否否,是是非非,将以惩志也。不然,则已诬去诬屏诡。大道为公,政之纪也,经之则也,治乱之踪也,上下于是乎综矣,春秋之法备之也。岂直夫言之为撰?古我先王之为物作则也,都俞吁咈,与世相忘,语未始有闻也。其次修繇,以礼示民不骄;其次议事,以制示民不贪;其次合会以盟,示民不乱。语势而至于盟会之极。噫,亦风俗之既薄也,故曰"王者之迹熄而《诗》亡,《诗》亡然后《春秋》作"。《春秋》,周道其衰乎?《国语》,春秋其盛乎?盛衰之机,世道之会也。舍是经可以无作,舍是语可以无传也,是故君子传言以树政也,传政以树教也,传教以树俗也。夫俗以昭政,政以考言,言以传世,所以联属天下,备远存忘而求其余烈者也。语其可以尽剟乎哉?苟彰往者按其故乎,则淑慝之类分;苟观变者会其世乎,则顺逆之介章;苟□辞者挹其文乎,则化裁之体具;苟訏谋者订其口乎,则变通之用行迩而不偪、远而不携,上而能比,下而能萃。君子知是四者,识微而虑远,□□而□□□□下之势从之矣。故曰:春秋之所与也。虽然,文胜则史意离,为工风会者、趋事往者惑,亦曷取哉?亦曷取哉?先王之轨,不可轶矣。《春秋》,尽性之书,犹有典刑之中天焉。因书会道,因道论心,因心绳语,因语制宜。是故昭兹贻来,其往鉴矣;起敝维风,其流止矣;英华和顺,其辞达矣;叙伦宣宪,其策正矣。可以存体,可以定名,可以经国,可以长世,合古今而一之道也,将不在兹乎?於乎!观《语》,亦可以观《春秋》矣。

【按】叶邦荣,字仁甫,福建闽县人。明嘉靖元年(1522)举人,卒年七十八。嘉靖三年任连州学正,后迁英山县知县,嘉靖十二年(1533)任吉安知州。任英山县知县时,曾改建学宫。刻印过《国语》(嘉靖十五年)、《楚辞集注》(嘉靖三十八年)、《夷坚志》等,嘉靖五年修订《湟川志》六卷,著有《朴斋先生文集》十二卷。叶邦荣刻本《国语》半叶十行,行二十字,四周双边,白口，白鱼尾，不附《补音》，六册，书前有唐枢序（《〈国语〉历代序跋题识辑证》已收录①）。华东师大图书馆、中国台湾“国家图书馆”、“故宫博物院”图书馆有藏。清人赵怀玉《亦有生斋集》曾记之。明以来公私藏书目著录者较少，《天一阁书目》《中国古籍总目》有著录。本序见于《朴斋先生文集》。“史之流”之说当出刘知几《史通·六家第一》，刘氏以《尚书》《春秋》《左传》《国语》《史记》《汉书》为六家，结末云：“于是考兹六家，商榷千载，盖史之流品。”“《春秋》之所与”盖谓《国语》可补《春秋》，为《春秋》经资助。叶氏全文从政、教、俗的角度论证《国语》的功能，谓《国语》可以鉴往昭来，“叙伦宣宪”，“可以存体，可以定名，可以经国，可以长世”。

三、《左国类函》序二篇

《左国类函》序

《左氏传》自首讫尾，一文也，不可分也。一事之载，端末数年，使人于寂寥明灭中研寻不绝，今报施之情并缀二幅，则文味差减，至寻盟交聘，军兴燕会，各国人才议论，济济跄跄，如聚未散，今离之则文味亦减。《春秋传》与《国语》两书不可合也。孔子作《春秋》，使弟子传乘四出，得七十二国宝书，奇闻异观，经文不能尽载，左氏惜之，《国语》乃作。故《齐语》则类《莞子》，《吴》《越》则类《越绝》。获麟以后，駸駸乎《国策》之文、《国策》之策矣。附丽《内传》，非左氏意。今皆反之何？居曰不知其不可分者不可分、不知其不可合者不可合也。余惟知之，是以反之也。古人每读一书，各以意为治，故《周易》流传，丹经则取之，谶纬则取之，王道圣修则取之。《诗》则齐、鲁，《礼》则二戴，章句皆别。真西山《文章正宗》隔截《史》《汉》，后人不讥，则以此为后人读书之方知之，故存之也。秦汉以后，史家代有，无左氏之博奥焉者，无左氏之禯丽焉者，无左氏之述一人之言而旁引曲稽不避浩瀚焉者。若是则分之、合之而类之，莫若《左》《国》为宜。少年读《左》《国》，疑其庞冗，龙门手笔远似过之。今乃知其庞冗，殊不易观。篇中缩句约意，父子六经，闲言短章，如击玉磬，则文字若如《左氏》简也。至所谓庞冗者，皆经籍之外篇、博物之雅志，借非丘明糜烂无所矣。里有老父好言往古，偶一触其谭机，则娓娓嘈嘈，阔远般遥，本弱支繁，久不告劳，然后生闻之，如置身百岁以前而

① 《〈国语〉历代序跋题识辑证》，第126～127页。

胜十年之读，则将惟恐其不多而已。是《左》《国》庞冗不易为之说也。顷与超宗读书影园，分灯雠较，课其子弟，每一部完，相与流连展绎，味厥高深。其序君臣政治、兵刑废兴，存亡国之大故，上视二周，则古意散失，繇今观之，仍三代之余波，王事之残局也。禨祥神鬼之书，秦汉下人无此布算，秦汉下人不能伪为博综小物，则广览深谈，时生异藻。昔人好杜诗，辄集杜句为诗；好王字，则集王字为碑。质之同嗜之家，掇裂纵横，犹称韵事矣。何日谢制举业，当于左氏穷源极流以广异同，为今日《类函》忏焉！

壬午秋孟，淮南王光鲁书于影园之媚幽阁

《左国类函》序

类次分考之书，始于唐人。其时沿六朝体，好为弘博巨丽之文，事以僻奥为宗，藻以连骈为尚。然其裒集群家，支分条聚，非一狐之腋也。苏子瞻教人读书，每次作一意求之，盖高明之家，贯穿百代，一书有众书之用，否则众书无一书之得矣。余友刘同人亦尝语余曰："穷一书则其文古，集众书则其文时。"旨哉言乎！然三代以下，著作猥烦，不耐深读，独《左》《国》《史》《汉》习之，终身不厌，而《左氏》尤为近古。韩昌黎斥为浮夸，何哉？彼盖薄江、庾、潘、陆之排艳，而意在起衰，遂追咎滥觞之始，今非其时，可袭其说与？余读左氏书，未尝不秉一王之宪，与夫子之志相辅，诸如内望国，次主盟，尊中夏，外夷狄，抑强并，予共主，皆以史法为书法，有功夫子不小，至以鬻拳兵谏为爱，主公纳币为用，礼不无失正，然亦恶夫大不正者，而激言之耳。至《国语》成书在《内传》后，采辑在《内传》先，意主博收，未加裁剪，英华璀灿，亦可以观列国史才之盛。柳州作《非国语》毁之过矣，卒不能不称其深闳杰异，又可废乎哉？余与汉恭类次此本，拟子瞻不足，而比唐人，则嗞嗞乎一味不杂，登芳洁而去腥羶，岂若今人杂收卮言寃说以为腴也者？然则是书可以馈贫，亦可以瘳毒韩、柳而生乎？今亦当为之卷舌矣。

明崇祯壬午八月晦，淮南郑元勋书于长干山寺

【按】《左国类函》，《扬州文库》收入，并有《扬州文库目录》一册，其著录"《左国类函》二十四卷"云："《左国类函》二十四卷，（明）郑元勋、王光鲁纂。郑元勋（1610～?），字超宗，号惠东，明末徽州歙县人。盐商出身，寓居扬州。筑'影园'，喜藏书。天启七年，与冒襄等在扬州结社。崇祯二年入复社。九年，与梁于涘、张惟良等结竹西续社。崇祯十六年进士，次年因参与调解扬州士人与驻将高杰纷争，被扬州百姓误杀（《钦定胜朝殉节诸臣录》卷十）。

著有《影园瑶华集》,本《文库》已收录。王光鲁,字汉恭,号款思居士,生卒年不详,明末清初扬州人。居瓜洲,为诸生,潜心于学,为周亮工门人。精于考订,诗宗少陵,著有《阅史约束》《碧渐堂诗草》《古今官制沿革图》《元史备忘录》等。又著《想当然》传奇,托名卢柟以行。全书共二十四卷,卷前有崇祯十五年王光鲁序、郑元勋序。此书为类次分考之书,内容辑采《左传》《国语》之文章,以类相从,上从'君道''臣道''政治',下至'天道''地利''鸟兽',共设二十四目,每卷为一目,分类编排。内容宽泛,涉及政治、经济、文化、教育、军事、民俗等各方面,为研究先秦历史可供查考之重要著作。此书实乃辑合《左传》《国语》二书,分类编排,以避原书冗杂之弊,为阅读查考提供便利。此书有明崇祯刻本,现藏扬州大学图书馆,是为初刻本,版心下题'影园藏书'字样。《中国古籍善本书目》著录为孤本,入选《国家珍贵古籍名录》(名录〇七三七七),甚为珍贵。本文库据此本影印。"[①]今检张承安主编《中国园林艺术辞典》、卢桂平主编《扬州历代名人传》以郑元勋生卒年为1598～1645年[②],黄继林《不该被误解的郑元勋》则系郑氏生年为万历三十一年(1603)[③],另有系郑元勋生年为1604年者,皆与《扬州文库目录》不同。又检杭世骏《明职方司主事郑元勋传》中云:"年二十一,天启甲子领应天乡试第六。"天启甲子为1624年,此时郑元勋21岁,若杭世骏所记不误,则郑元勋生年当为1604年。王光鲁著成《阅史约书》后,"于疾中授其中州友磐禹公刻于吴门,刻未成,而舅氏殂",钱茂伟根据王光鲁外甥所载以及王光鲁《分代地理直音地图序》所作时间为崇祯十六年五月,推断王光鲁卒于崇祯十六年(1644)。[④] 王光鲁对《国语》一书的成因、特征、功能进行了分析,郑元勋除了探讨《国语》一书的特征、功能之外,还特别提出"至《国语》成书在《内传》后,采辑在《内传》先,意主博收,未加裁剪,英华璀灿,亦可以观列国史才之盛",对史料采集和成书作了区分,这是难能可贵的。

---

① 王永平、姚海英撰,卢桂平主编:《扬州文库总目提要》,广陵书社2015年版,第228～229页。

② 参见张承安主编:《中国园林艺术辞典》,湖北人民出版社1994年版,第310页。卢桂平主编:《扬州历代名人传》,广陵书社2015年版,第87页。

③ 参见黄继林:《不该被误解的郑元勋》,2012年3月10日《扬州晚报》。

④ 参见钱茂伟:《明代史学的历程》,社会科学文献出版社2003年版,第413～414页。

四、林鹅峰《新刊国语跋》

新刊《国语》跋

《国语》全部，先考罗山先生新加训点，家藏年久。往年依剞劂氏恳请，许借之。历年新刊本成而行于世。侍生石习求得一本，而就元本写朱句，二旬终功。彼每日勤劳史馆而夜学之不懈，早覩其効，可以嘉焉。乃跋其后以励前程。勉哉习也！（丁未孟秋）

【按】此出《鹅峰文集》九十七卷。林恕（1618～1680），字子和，号鹅峰、樱峰、向阳子等，林罗山（1583～1657）第三子。曾任幕府儒官，后袭父职，赐弘文院学士称号，谥文穆先生。著有《鹅峰先生林学士全集》（其中文集、诗集各120卷）、《论语谚解》《大学谚解》《中庸谚解》《本朝百人一首》《汉书籍考》《日本书籍考》、《国史馆日录》《日本王代一览》《本朝通鉴》《华夷变态》等。林恕专有汉籍序跋多种，本篇主要探讨其父林罗山训点之《国语》刊行情况。盖谓林罗山训点《国语》，并非训点之后马上刊行，而是放置了很长时间，纔因刻书者之请借予刊刻。侍生石习得道春训点刊本《国语》一部，用二十天的时间用元本进行朱笔批点，林恕感其勤苦而为此跋。林信胜云："左丘明传《春秋》而后有《国语》，与《传》不同也。《庄子·内篇》已后有《外篇》，与《内》不同。是则文字变化之法，学者思之。"[①]又云："左氏欲作《春秋》，先撰《国语》，故其笔法相似。或曰：《传》成以后记《国语》，故太史公曰：'左丘失明，厥有《国语》。'"[②]可见林罗山对《左传》《国语》关系的基本体认。今所见林罗山训点《国语》最早标记刊刻年代者为宝历十一年（1761）刊本，则林罗山训点《国语》的刊刻确实是很晚的事情了。

五、顾广圻校跋

每遇通字俱缺笔写作道诵避章献明肃刘后父讳也其为影天圣明道本无疑

影宋本间附音　字体不划一

---

① 林罗山著，京都史迹会编：《罗山林先生文集》第2卷，日本平安考古学会1918年版，第370页。

② 林罗山著，京都史迹会编：《罗山林先生文集》第2卷，第466页。

疑空一格处如序憭下乃音之模糊者顾广圻六月三日校毕记

影宋十一行　行二十字　注三十字为一行(双行)共二百三十四叶

【按】国家图书馆藏诗礼堂本之顾广圻校跋本在《国语解叙》后有几段校跋,与已经刊行者不同。该跋文共七行,四段内容,每行俱空一格。顾广圻(1766~1835),字千里,号涧苹。《清史稿》谓其"天质过人,经史训诂天算、舆地,靡不贯通。至于目录之学,尤为专门……乾嘉间以校雠名家,文弨及广圻谓最着云。"徐鹏谓:"顾氏一生,所校图书不下一百六七十种,内容包括经史子集各部,其校书所涉范围之广,实为历代校勘家中所仅见。"[①]李庆统计顾广圻一生校书为经部三十五部、史部五十四部、子部四十三部、集部三十五部,总为167部。顾广圻另有《跋影宋本〈国语〉后》一篇,中国台湾"国家图书馆"谓该跋尾有"乾隆乙卯六月四日,涧蘋广圻书",此为六月三日,或即撰写《跋影宋本〈国语〉后》之前一日书此。四段内容:第一段通过刘皇后父亲刘通之"通"字缺笔避讳,判定该影写本为影天圣明道本。第二段揭示出两个内容:其一为明道本间附音注。根据我们对《国语》明道本的统计,韦昭一共施注5629处,而注音只有14处,在14处注音中,有1处引用虞翻音注,实际音注只有13处。疑为后世附音者实际10处。其二是明道本字体不一,包括大量的正俗字同现现象,避讳字也有多种写法等等。第三段内容是对韦昭《国语解叙》具体内容的考辨,即《札记》中所谓"憭"下空一字之事。第四段对影明道本的行款进行了著录,涉及半叶行数,行字数,以及全书总量。顾广圻的这一跋文,目前各书俱未见收录,具有较高的文献价值与学术价值,故予揭出。

---

① 徐鹏:《李庆〈顾千里研究〉序》,李庆《顾千里研究》书首,上海古籍出版社1989年版。

语言研究

《广韵》同义异读研究*

李福言**

摘　要：通过穷尽分析，文章从二音、三音、四音、五音、六音、七音类别讨论了《广韵》同义异读的音义关系、音韵地位及数量表现，并结合以往学者研究，探讨了同义异读的来源及性质。

关键词：同义异读；音义关系；来源；性质

引　言

《广韵》异读（或称"又音""又读"），研究文献较多，如黄侃、黄焯《广韵校录》对《广韵》"字有又音而不见本韵及他韵者"进行搜集，略作笺识；李荣《隋代诗文用韵与〈广韵〉的又音》（《音韵存稿》，1982）；赵振铎《〈广韵〉的又读字》（《音韵学研究》第一辑，1984）论及"又读"产生原因；葛信益《〈广韵〉丛考》（北师大版，1993）是一部论文集，汇集《广韵》研究论文及书评，其中《〈广韵〉异读字有误认声旁之讹音》（1947）、《〈广韵〉异读字发生之原因》（1947）、《陆德明〈经典释文〉异读与〈广韵〉》（1948）、《〈广韵〉异读字释例》（1985）、《〈广韵〉异读字有两体皆声者》（1987）、《读〈广韵〉中又音不注用切或直音而注声调的问题》（1990）等论文，论及《广韵》异读问题、异读原因、《经典释文》与《广韵》异读比较等问题；刘晓南《〈广韵〉又音考误》（《古汉语研究》1996年第1期）、汪寿明《从〈广韵〉的同义又读字谈〈广韵〉音系》[《上海师范大学学

* 教育部人文社科青年项目（19YJC740025）资助；2018年江西省文化艺术科学规划重点项目"元代江西书院刻书与区域文化研究"资助。

** 作者简介：李福言，江西师范大学文学院讲师，主要从事佛典音义文献研究以及雅学研究。

报(哲社版)》1980 年第 3 期]、孙绪武《〈广韵〉又音的演变及其规范》(《广东职业技术师范学院学报》2001 年第 1 期)、曹洁硕士论文《〈王三〉又音研究》(安徽师范大学,2004)、史俊硕士论文《〈广韵〉异读探讨》(苏州大学,2005)、王婧硕士论文《〈广韵〉异读研究》(兰州大学,2006)等等。

本文所论,包含术语“又音某”“又某某切”“又读”等。异读范围包括黄侃所云“字有又音而不见本韵及他韵者”[①]。罗伟豪分辨了四种类型的“又音”:“第一种类型是又音双方互见的,在对方韵部或小韵中能找到该切语和所切德字”;“第二种类型是对方不见的,即是在对方韵部或小韵中找不到该切语所切德字,或根本无此切语”;“第三种类型是又音切语所用的字样,在对方韵部或小韵中已经改变了,但音类仍然相同”;“第四种类型可以叫作又某某反,当为某某反的类型,即是对方韵部或小韵中找不到这个又音的字,而实际上这个对方是另一个韵部,或者是同一韵类而是另一个小韵”。[②] 笔者所论,包含以上四种类型。本文暂不考虑“又音”类隔问题。异读的音义关系主要包括同义异读和异义异读部分。限于篇幅,本文主要讨论同义异读。同义,主要指意义相同或相近,但必须是词性相同。除此之外,都属于异义问题。[③] 笔者据此制成《广韵》异读数据库,从声、韵、调、摄、开阖、等角度分析异读中“同义异读”的音义关系,探讨其音义特点。

“同义异读”的“异读”包括二音、三音、四音、五音、六音、七音等类别。

一、二　音

同义异读以二音为主,即存在两个读音。这两个读音的声韵关系比较复杂,存在“声类不同、韵类不同、调类不同、声韵调皆不同、声韵不同、声调不同、韵调不同、等不同、韵摄不同、开阖不同、声等不同、韵等不同、韵开阖等不同、调等不同、声开阖不同、声韵摄等不同、声韵调摄不同”等类型。(见表 1)

---

① 黄侃笺识、黄焯编次:《广韵校录》,上海古籍出版社 1985 年版,第 155 页。

② 罗伟豪:《关于〈切韵〉“又音”的类隔》,第 88～100 页。

③ 葛信益在《〈广韵〉异读字发生之原因》一文中指出,异读包括“一字有名动之分,后世遂依音辨义者”“一字相反为训,而后世音异者”“用为重言形况字而音变者”“用为双声或叠韵连语而音变者”“用为人物地名而音异者”“义有引申而音亦随之变者”“因借为他字而音变者”,笔者所论的“异音异义”包括以前情况。

表 1　　二音声韵类别及数量

类目	声类	韵类	调类	声韵调	声韵	声调	韵调	等	韵摄
数量	284	34	371	69	137	61	132	5	132
类目	开阖	声等	韵等	韵开阖等	调等	声开阖	声韵摄等	声韵调摄	
数量	4	10	69	12	2	1	1	1	

可见，首先以“调类不同”为主，其次是“声类不同”的情况。而“调类不同”又有不同的分布，以“平去”为主。（见表 2）

表 2　　“调类不同”的具体分布

调类	平上	平去	上去
数据	90	186	95

“声类不同”的情况见表 3：

表 3

	声 1	声 2		声 1	声 2		声 1	声 2		声 1	声 2		声 1	声 2
沖	澄	彻	辩	并	帮	娑	精	清	囷	溪	群	脙	晓	群
鼧	定	透	箟	见	群	鷭	书	明	酖	澄	禅	茵	以	邪
淞①	心	邪	僣	日	书	痿	影	日	榑	心	邪	紬	澄	彻
旹	鱼	疑	埍	匣	见	藷	崇	初	犅	船	邪	呼	帮	并
鼌	澄	知	遒	精	从	泜	澄	章	紃	船	邪	瞭②	影	溪
韇	从	精	瞅	精	从	濽	精	从	岔	并	滂	刭	端	来
頞	明	影	孱	滂	并	稄	日	心	窘	群	见	鞴	溪	见
蹷	群	见	鉠	透	端	鉟	并	滂	洹	云	匣	虬	群	见
槩	见	群	笨	帮	并	魾	并	滂	蹇	溪	晓	蠃	帮	晓
芞	晓	溪	阂	疑	溪	顮	并	滂	靬	匣	溪	鱏	邪	以
仡	晓	疑	燗	晓	明	泹	以	邪	轓	滂	帮	棽	彻	生
釳	晓	疑	雎	清	以	辎	初	庄	俾	匣	疑	醮	以	从
怞	彻	知	敀	并	滂	鲐	彻	书	劗	从	精	楞	从	崇
驈	船	以	搴	帮	并	萁	群	见	扳	滂	帮	龄	匣	见

---

① 淞，《广韵》又音“松”，而《广韵》“松”有五音，这里依体例，取邪母钟韵一音。

② 葛信益认为“瞭”异读“若侯切”当为“苦侯切”，当是。（参见葛信益：《〈广韵〉讹夺举正》，《〈广韵〉丛考》，北京师范大学出版社 1993 年版，第 36 页）

续表

	声1	声2		声1	声2		声1	声2		声1	声2		声1	声2
擉	彻	初	桶	透	定	鹚	从	精	搲	见	匣	娑	书	彻
袓	日	娘	鸧	知	溪	帏	晓	云	幵	见	溪	痡	昌	日
撔	并	滂	颗	溪	见	腒	见	群	蹁	并	帮	帪①	章	昌
鶯	影	匣	黬	见	疑	即	清	精	鋋	以	禅	縱	心	精
岀	溪	匣	抐	泥	透	打	晓	影	脡	书	彻	僐	见	晓
晫	知	彻	盅	澄	彻	夸	晓	滂	裢	以	书	徥	禅	澄
嚗	滂	帮	竐	见	溪	鬤	日	心	链	彻	来	嫗	晓	影
篧	崇	庄	芇	知	澄	株	知	昌	剢	精	彻	俹	清	心
鞲	船	邪	缸	见	匣	鉾	精	从	鬈	群	溪	胣	以	彻
豥	知	彻	狪	透	定	騠	端	定	钊	见	章	媊	见	疑
縢	以	船	鳙	以	禅	艃	定	端	馨	晓	群	糈	心	生
剩	以	船	禯	娘	日	尶	端	定	鐎	从	精	奔	见	溪
库	昌	书	秾	娘	日	蝭	定	端	轺	以	禅	栩	云	晓
謏	晓	见	鲎	澄	彻	梐	帮	并	螵	并	滂	楀	云	见
姅	帮	滂	夆	并	滂	室	见	匣	趫	群	溪	俌	帮	滂
晙	心	精	枞	精	清	茥	见	溪	鷮	见	群	踽	溪	见
骏	心	精	赻	精	清	鼃	影	匣	蹻	见	群	肚	定	端
痗	明	晓	肛	见	晓	蝔	见	匣	胞	帮	滂	居	端	匣
濠	见	群	膖	滂	并	瑰	匣	见	泡	滂	并	裓	定	端
殧	精	清	眵	章	昌	黶	见	端	蜪	透	定	蜠	溪	群
樻	群	溪	隔	云	晓	殨	见	疑	翢	透	定	俦	昌	彻
詯②	匣	晓	鸺	云	晓	剀	见	疑	翻	定	清	垷	见	匣
減	匣	见	沩	云	见	桭	章	禅	傞	清	心	娶	见	影
駇	帮	滂	鹫	从	精	晨	禅	船	椒	心	清	嗵	见	匣
缕	昌	邪	鳑	帮	滂	岊	从	精	慖	群	见	皤	并	帮
鐮	见	晓	苋	定	透	锲	见	溪	谪	知	澄	痖	见	溪
顠	并	滂	鈌	见	影	擳	匣	晓	檡	以	书	葭	见	匣

① 帪，据赵庸，章元音为错误音，只有昌元音。笔者认为可能存在方音。（赵庸：《〈广韵〉不入正切音系之又音释疑》，《语言科学》2014年第3期）

② 葛信益认为"詯""胡市"义当为"胡市反"，可从。（参见葛信益：《〈广韵〉讹夺举正》，《〈广韵〉丛考》，北京师范大学出版社1993年版，第48页）

续表

	声1	声2		声1	声2		声1	声2		声1	声2		声1	声2
蔽	匣	见	撷	匣	晓	貀	滂	并	籊	定	透	蚆	滂	帮
勚	以	邪	盻	疑	匣	锊	来	生	樀	定	端	禓	以	书
篣	精	从	毳	初	清	彻	澄	彻	覙	透	从	煬	书	清
浹	初	生	帨	清	书	妁	章	禅	叟	初	精	肪	并	帮
扭	娘	知	橐	清	初	爚	以	书	捑	庄	从	瓤	日	娘
鵍	透	定	淅	并	滂	彏	晓	见	瀷	以	昌	軭	溪	群
谂	书	知	害	云	邪	趯	见	群	篔	从	精	闧	定	透
黮	定	透	跙	以	彻	矍	见	群	昷	清	精	芃	见	匣
顉	清	心	啜	知	禅	玃	见	群	熠	云	以	迒	见	匣
伿	章	以	襘	匣	见	辂	来	匣	騽	邪	云	洸	见	影
扉	以	书	瞇	以	清	柞	精	从	欃	以	来	弦	匣	影
尌	禅	澄	鉊	影	昌	貉	滂	并	欇	书	禅	悻	溪	匣
澍	章	禅	疱	滂	并	攧	从	疑	嗫	日	章	郎	知	澄
眣	章	滂	緎	精	庄	鴂	帮	并	鹹	匣	见	蠾	章	禅
痹	滂	并	矗	初	彻	筈	见	溪	炠	匣	晓	顥	匣	晓
遭	定	端	袭	端	心	适	见	溪	脱	定	透			

“声类不同”以滂并相转最多，有 17 例，其次是见匣 16 例，见群 14 例，精从 13 例。（见表 4）

表 4　　二音“声类不同”的具体表现及数量

声类	澄彻	帮并	精清	溪群	晓群	定透	见群	书明	澄禅
数量	5	9	6	6	2	11	14	1	3
声类	以邪	心邪	日书	影日	鱼疑	匣见	崇初	船邪	澄知
数量	4	2	1	1	1	16	1	3	4
声类	精从	章澄	溪影	滂并	端来	影明	心日	见溪	端透
数量	13	1	1	17	1	1	2	11	1
声类	云匣	晓溪	帮晓	溪疑	溪匣	疑晓	明晓	帮滂	生彻
数量	1	2	1	1	3	2	2	9	1
声类	以清	庄初	疑匣	从以	知彻	书彻	崇从	以船	初彻
数量	2	1	2	1	3	3	1	3	2

续表

声类	娘日	溪知	云晓	日昌	昌章	匣影	疑见	禅以	精心
数量	4	1	4	1	2	3	4	3	3
声类	透泥	影晓	晓见	滂晓	书以	来彻	庄崇	昌知	彻精
数量	1	2	5	1	5	1	1	1	1
声类	心清	彻以	定端	章见	生心	书昌	见云	匣端	端见
数量	4	2	8	1	1	1	2	1	1
声类	彻昌	晓匣	清定	禅章	影见	船禅	邪昌	生来	清初
数量	1	5	1	4	3	1	1	1	2
声类	从透	清书	生初	精初	知娘	从庄	昌以	知书	邪云
数量	1	2	1	1	1	1	1	1	2
声类	禅知	以云	章以	匣来	来以	昌影	禅书	疑从	章日
数量	1	1	1	1	1	1	1	1	1
声类	滂章	精庄	端心	—					
数量	1	1	1	—					

在二音关系中,“韵调不同”有132例,其内部较复杂,有如下情况:

表5　　二音关系“韵调不同”具体表现及数据

类目	纯粹韵、调	韵、调、摄	韵、调、摄、开阖等	韵、调、摄、等	韵、调、摄、开阖	韵、调、等	韵、调、开阖
数量	15	55	10	16	15	20	1

可见,在“韵调不同”中,量最大的是“韵、调、摄不同”,有55例,单纯韵、调不同只有15例。

在二音关系中,“韵摄不同”有132例,其内部较复杂,有如下情况:

表6　　二音关系“韵摄不同”具体表现及数据

类目	韵、摄、等	韵、摄	韵、摄、开阖	韵、摄、开阖、等
数量	56	31	13	32

可见,在“韵摄不同”中,量最大的是“韵、摄、等”不同,有56例,单纯韵、摄不同只有31例。

在二音关系中,“等不同”有5例。(见表7)

表 7　　二音关系“等不同”

破	滂	支	平	止	开	重三	破	滂	支	平	止	开	三
駰	影	真	平	臻	开	重四	駰	影	真	平	臻	开	重三
暋	明	真	平	臻	开	重三	暋	明	真	平	臻	开	重四
愴	影	盐	去	咸	开	重三	愴	影	盐	去	咸	开	重四
礋	来	屋	入	通	合	一	礋	来	屋	入	通	合	三

如“破”,《广韵·支韵》“敷羁切,器破而未离,又皮美切”,“破楝,器破也。匹支切”。

在二音关系中,“开阖不同”有 4 例。(见表 8)

表 8　　二音关系“开阖不同”

胘	匣	先	平	山	开	四	胘	匣	先	平	山	合	四
皮	见	支	上	止	合	重三	皮	见	支	上	止	开	重三
廱	溪	唐	上	宕	开	一	廱	溪	唐	上	宕	合	一
迅	心	真	去	臻	开	三	迅	心	谆	去	臻	合	三

如“胘”,《广韵·先韵》“胡田切,肚胘,牛百叶也”;《广韵·先韵》“牛百叶,又音弦。又如迅”,《广韵·震韵》“息晋切,疾也,又私闰切”;《广韵·稕韵》“私闰切,疾也,又音信。震、稕同用”。

在二音关系中,“调、等不同”有 2 例。(见表 9)

表 9　　二音关系“调等不同”

趣	溪	真	上	臻	开	重三	趣	溪	真	去	臻	开	重四
吚	晓	脂	去	止	开	重三	吚	晓	脂	平	止	开	三

如“趣”,《广韵·真韵》“弃忍切,行皃,又去刃切”;《广韵·震韵》“去刃切,行皃”。

在二音关系中,“声、开阖不同”有 1 例,即“趏”,《广韵·辖韵》“许辖切,走皃”;《广韵·辖韵》“古頒切,走皃,又枯辖切”。趏,晓辖入山开二;见辖入山合二。

在二音关系中,“声、韵、摄、等不同”有 1 例,即“犞”,《广韵·咍韵》“昌来切,牛羊无子”;《广韵·豪韵》“土刀切,牛羊无子,又昌来切”。① 葛信益认为

① 葛信益:《〈广韵〉讹夺举正》,见《〈广韵〉丛考》,北京师范大学出版社 1993 年版,第 35 页。

“帱”异读“昌来切”当为“昌求切”，当是。帱，昌尤平流开三；透豪平效开一。

在二音关系中，“声、韵、调、摄不同”有1例，即“臸”，《广韵·之韵》“止而切，到也，又如一也”；《广韵·质韵》“人质切，到也”。葛信益认为“臸”字“又如一也”当为“又如一反”，属于异读，当是。[①] 臸，日质入臻开三；章之平止开三。

二、三　音

“同义异读”三音部分有“声韵调摄开阖等皆异、声韵等不同、声调不同、声韵摄开阖等不同、声韵不同、韵开阖等不同、韵调摄开阖不同、声韵调不同、声韵调等不同、韵调摄开阖等不同、声韵调摄等不同、声韵摄等不同、声调等不同、韵调摄等不同、调开阖不同、韵调摄不同、韵调等不同、声不同、调不同、声韵开阖等不同、韵摄等不同、韵调不同、声韵调摄不同、韵调开阖等不同、韵等不同、调等不同、韵调开阖不同、韵摄开阖等不同、声韵摄不同、声等不同、声韵调摄开阖不同、韵摄开阖不同、声调开阖不同、韵摄不同、声韵摄开阖不同”等情况。（见表10）

表10　　三音音韵类别及数量

类目	声韵调摄开阖等	声韵等	声调	声韵摄开阖等	声韵	韵开阖等	韵调摄开阖	声韵调	声韵调等
数量	21	22	49	13	8	1	12	5	22
类目	韵调摄开阖等	声韵调摄等	声韵摄等	声调等	韵调摄等	调开阖	韵调摄	韵调等	声
数量	8	44	33	6	17	1	16	22	11
类目	调	声韵开阖等	韵摄等	韵调	声韵调摄	韵调开阖等	韵等	调等	韵调开阖
数量	21	5	11	10	11	4	1	3	2
类目	韵摄开阖等	声韵摄	声等	声韵调摄开阖	声调开阖	韵摄	声韵摄开阖	韵摄开阖	
数量	1	3	3	5	1	1	1	3	

三音“同义异读”关系中，以“声、调不同”最多，有49例，其次是“声韵调摄等不同”，有44例。

---

① 参见葛信益：《〈广韵〉讹夺举正》，见《〈广韵〉丛考》，北京师范大学出版社1993年版，第48页。

在“声调不同”的 49 种中，声类虽不同，但多以同发音部位的声类相转，如舌音“透—透—定、定—定—透、端—透—定、透—泥—泥”，牙音“见—见—溪、见—见—疑”，唇音“帮—帮—滂、滂—滂—帮、滂—滂—并、并—并—帮”，齿头音“精—从—从、精—精—从”等。（见表 11）

表 11　　三音“声调不同”音韵地位

瞳	定	东	平	通	合	一	瞳	透	东	平	通	合	一	瞳	透	东	上	通	合	一
殑	溪	支	平	止	开	重三	殑	见	支	平	止	开	重三	殑	见	支	上	止	开	重三
傂	心	支	平	止	开	三	傂	澄	支	平	止	开	三	傂	澄	支	上	止	开	三
䙂	日	鱼	平	遇	合	三	䙂	日	鱼	上	遇	合	三	䙂	影	鱼	去	遇	合	三
椐	见	鱼	平	遇	合	三	椐	溪	鱼	平	遇	合	三	椐	见	鱼	去	遇	合	三
迂	云	虞	平	遇	合	三	迂	影	虞	平	遇	合	三	迂	影	虞	上	遇	合	三
簠	帮	虞	平	遇	合	三	簠	帮	虞	上	遇	合	三	簠	滂	虞	去	遇	合	三
酤①	见	模	平	遇	合	一	酤	匣	模	上	遇	合	一	酤	见	模	去	遇	合	一
阠	生	真	平	臻	开	三	阠	心	真	去	臻	开	三	阠	书	真	去	臻	开	三
滇②	定	先	平	山	开	四	滇	端	先	平	山	开	四	滇	透	先	去	山	开	四
邅	知	仙	平	山	开	三	邅	澄	仙	上	山	开	三	邅	澄	仙	去	山	开	三
趒③	透	萧	平	效	开	四	趒	定	萧	平	效	开	四	趒	透	萧	去	效	开	四
醮	从	宵	平	效	开	三	醮	精	宵	平	效	开	三	醮	精	宵	去	效	开	三
娇④	见	宵	平	效	开	重三	娇	群	宵	平	效	开	重三	娇	见	宵	上	效	开	重三
詨⑤	见	肴	平	效	开	二	詨	匣	肴	去	效	开	二	詨	晓	肴	去	效	开	二
袉⑥	定	歌	平	果	开	一	袉	定	歌	上	果	开	一	袉	透	歌	上	果	开	一
踼	定	唐	平	宕	开	一	踼	透	唐	平	宕	开	一	踼	定	唐	去	宕	开	一
炕⑦	晓	唐	平	宕	开	一	炕	溪	唐	上	宕	开	一	炕	溪	唐	去	宕	开	一
婧⑧	精	清	平	梗	开	三	婧	从	清	上	梗	开	三	婧	从	清	去	梗	开	三
倗⑨	并	登	平	曾	开	一	倗	滂	登	上	曾	开	一	倗	滂	登	去	曾	开	一

① 酤，《广韵》“卖也”义属见模平去二调。

② 滇，《广韵》“大水皃”义属定先、透先二声。

③ 趒，《广韵》“雀行”义属透萧、定萧二声。

④ 娇，《广韵》“女字”义属见宵平去二声。

⑤ 詨，《广韵》“嚎叫”义属匣肴、晓肴二声。

⑥ 袉，《广韵》“裾也”义属定歌平上二声。

⑦ 炕，《广韵》“贲肱”义属晓唐、溪唐二声。

⑧ 婧，《广韵》“竦立”义属精清、从清二声。

⑨ 倗，《广韵》“辅也”义属并登平去二声。

续表

紑	滂	尤	平	流	开	三	紑	帮	尤	平	流	开	三	紑	滂	尤	上	流	开	三
棸	庄	尤	平	流	开	三	棸	澄	尤	平	流	开	三	棸	澄	尤	上	流	开	三
鷚	明	幽	平	流	开	三	鷚	群	幽	平	流	开	三	鷚	来	幽	去	流	开	三
蟉	群	幽	平	流	开	三	蟉	来	幽	平	流	开	三	蟉	群	幽	上	流	开	三
雋	日	侵	平	深	开	三	雋	娘	侵	平	深	开	三	雋	日	侵	去	深	开	三
梫	精	侵	平	深	开	三	梫	初	侵	平	深	开	三	梫	清	侵	上	深	开	三
眈①	定	覃	平	咸	开	一	眈	端	覃	平	咸	开	一	眈	端	覃	上	咸	开	一
杝	以	支	平	止	开	三	杝	澄	支	上	止	开	三	杝	彻	支	上	止	开	三
蜚②	并	微	平	止	合	三	蜚	帮	微	上	止	合	三	蜚	并	微	去	止	合	三
戽	晓	模	上	遇	合	一	戽	匣	模	上	遇	合	一	戽	晓	模	去	遇	合	一
载③	精	咍	上	蟹	开	一	载	精	咍	去	蟹	开	一	载	从	咍	去	蟹	开	一
睔	匣	魂	上	臻	合	一	睔	来	魂	上	臻	合	一	睔	见	魂	去	臻	合	一
觛	端	寒	上	山	开	一	觛	定	寒	上	山	开	一	觛	端	寒	去	山	开	一
梡④	匣	桓	平	山	合	一	梡	匣	桓	上	山	合	一	梡	溪	桓	上	山	合	一
断	端	桓	上	山	合	一	断	定	桓	上	山	合	一	断	端	桓	去	山	合	一
燀	昌	仙	平	山	开	三	燀	章	仙	上	山	开	三	燀	昌	仙	上	山	开	三
强⑤	群	阳	平	宕	开	三	强	群	阳	上	宕	开	三	强	见	阳	去	宕	开	三
爌	晓	唐	上	宕	合	一	爌	溪	唐	上	宕	合	一	爌	溪	唐	去	宕	合	一
僸⑥	见	侵	平	深	开	重三	僸	疑	侵	上	深	开	重三	僸	见	侵	去	深	开	重三
輢	影	支	上	止	开	重三	輢	群	支	去	止	开	重三	輢	影	支	去	止	开	重三
掎⑦	见	支	平	止	开	重三	掎	见	支	上	止	开	重三	掎	溪	支	去	止	开	重三
瘀⑧	澄	鱼	平	遇	合	三	瘀	澄	鱼	去	遇	合	三	瘀	彻	鱼	去	遇	合	三
䚔	帮	真	平	臻	开	重四	䚔	帮	真	去	臻	开	重四	䚔	滂	真	去	臻	开	重四
摊	透	寒	平	山	开	一	摊	泥	寒	上	山	开	一	摊	泥	寒	去	山	开	一

① 眈,《广韵》"视近而志远"义属定覃、端覃二声。

② 蜚,《广韵》"负盘虫"义属并微、帮微二声。

③ 载,《广韵》"年也"义属精咍去上二声。

④ 梡,《广韵》"木名"义属匣桓平上二声。

⑤ 强,《广韵》"强有力"义属群阳平上二声。

⑥ 僸,《广韵》"仰头皃"义属见侵、疑侵二声。

⑦ 掎,《广韵》踦角义属见支上、溪支二声。

⑧ 瘀,《广韵》"痴瘀不达"义属澄鱼、彻鱼二声。

续表

蚬①	匣	先	上	山	开	四	蚬	晓	先	上	山	开	四	蚬	溪	先	去	山	开	四
卲	禅	宵	平	效	开	三	卲	章	宵	去	效	开	三	卲	禅	宵	去	效	开	三
犹②	以	尤	平	流	开	三	犹	见	尤	去	流	开	三	犹	以	尤	去	流	开	三
蜏	以	尤	上	流	开	三	蜏	心	尤	去	流	开	三	蜏	以	尤	去	流	开	三

三、四　音

"同义异读"四音部分包括"声调不同、声韵调摄开阖等不同、声韵摄等不同、声韵调摄等不同、声韵调不同、韵调摄等不同、声韵摄不同、韵调摄开阖等不同、声韵调等不同、声韵摄开阖等不同、韵调等不同、声韵调摄不同、声韵调开阖等不同、韵调开阖等不同、声韵等不同、声调等不同、韵摄开阖等不同"等情况。(见表12)

表 12　　"同义异读"四音声韵类别及数量

类目	声调	声韵调摄开阖等	声韵摄等	声韵调摄等	声韵调	韵调摄等	声韵摄	韵调摄开阖等	声韵调等
数量	11	12	9	14	2	4	2	4	12
类目	声韵摄开阖等	韵调等	声韵调摄	声韵调开阖等	韵调开阖等	声韵等	声调等	韵摄开阖等	
数量	2	4	1	1	1	4	2	1	

由上可知,四音部分以"声韵调摄等不同"最多,有14例。这就是说,在四个不同的音中,只有开阖是相同的,其余的音韵地位都不是完全相同的,这跟"三音"中量最多的"声调不同"类有异。这14例具体见表13:

表 13　　四音"声韵调摄等不同"音韵地位表

詸③	彻	支	平	止	开	三	詸	彻	脂	去	止	开	重四	詸	彻	之	去	止	开	三
詸	来	咍	去	蟹	开	一														
湀	溪	齐	平	蟹	合	四	湀	群	脂	上	止	合	重四	湀	见	脂	上	止	合	重四

① 蚬,《广韵》"小黑虫"义属匣先、溪先三声。
② 犹,《广韵》"兽似鹿"义属见尤、以尤二声。
③ 詸,《广韵》"不知"义分属之支脂三韵。

续表

溇	溪	蟹	入	山	合	四														
填	定	先	平	山	开	四	填	知	真	平	臻	开	三	填	知	真	去	臻	开	三
填	定	先	去	山	开	四														
鳽	见	先	平	山	开	四	鳽	疑	先	平	山	开	四	鳽	溪	耕	平	梗	开	二
鳽	疑	麦	入	梗	开	二														
⿱髟攸①	端	萧	平	效	开	四	⿱髟攸	定	萧	平	效	开	四	⿱髟攸	澄	尤	平	流	开	三
⿱髟攸	章	尤	去	流	开	三														
杓②	帮	宵	平	效	开	重四	杓	滂	宵	平	效	开	重四	杓	禅	药	入	宕	开	三
杓	端	锡	入	梗	开	四														
⿰甚见	昌	侵	平	深	开	三	⿰甚见	定	覃	平	咸	开	一	⿰甚见	端	覃	平	咸	开	一
⿰甚见	定	覃	上	咸	开	一														
暨③	群	脂	去	止	开	重三	暨	见	微	去	止	开	三	暨	见	质	入	臻	开	重三
暨	见	迄	入	臻	开	三														
儗④	疑	之	上	止	开	三	儗	疑	之	去	止	开	三	儗	疑	咍	去	蟹	开	一
儗	晓	咍	去	蟹	开	一														
塡⑤	定	先	平	山	开	四	塡	知	真	平	臻	开	三	塡	知	真	去	臻	开	三
塡	定	先	去	山	开	四														
豩⑥	见	文	去	臻	合	三	豩	见	物	入	臻	合	三	豩	群	物	入	臻	合	三
豩	见	薛	入	山	合	重三														
⿰目耎	日	仙	平	山	合	三	⿰目耎	日	仙	上	山	合	三	⿰目耎	日	仙	去	山	合	三
⿰目耎	泥	戈	去	果	合	一														
⿰鼠勺	帮	肴	去	效	开	二	⿰鼠勺	章	药	入	宕	开	三	⿰鼠勺	精	药	入	宕	开	三
⿰鼠勺	端	锡	入	梗	开	四														
咥⑦	晓	脂	去	止	开	重三	咥	彻	质	入	臻	开	三	咥	定	屑	入	山	开	四
咥	端	屑	入	山	开	四														

① ⿱髟攸,《广韵》“发多”义属定萧、澄尤、章尤三声。
② 杓,《广韵》“北斗柄星”义属帮宵、滂宵两声。
③ 暨,《广韵》“姓也”属见质、见迄二声。
④ 儗,《广韵》“儓儗”义属疑之、疑咍、晓咍三声。
⑤ 塡,《广韵》“塞满”义属定先平去二声。
⑥ ⿱髟攸,《广韵》豕啄土义属见物、群物、见薛三声。
⑦ 咥,《广韵》“笑”义属晓脂、彻质、定屑三声。

举例说明，“㬉”，《广韵》而缘切、而兖切、人绢切、乃卧切，皆有“城下田”义。鼩，《广韵》北教切、之若切、即略切、都历切，四音皆指“鼠名”。

四、五　音

“同义异读”五音部分包括“声韵等不同、韵调摄等不同、声韵调摄开阖等不同、声韵调摄不同、韵调摄开阖不同、声调不同、声韵调摄等不同、声韵调等不同、韵调开阖”等不同。具体数据见表 14：

表 14　　五音音韵地位

类目	声韵等	韵调摄等	声韵调摄开阖等	声韵调摄	韵调摄开阖	声调	声韵调摄等	声韵调等	韵调开阖等
数量	1	1	3	1	1	1	5	2	1

五音音韵地位中，以“声韵调摄等不同”最多，有 5 例，这点与四音相同。(见表 15)

表 15　　五音“声韵调摄等不同”音韵地位

眴	心	谆	平	臻	合	三	眴	日	谆	平	臻	合	三	眴	书	谆	去	臻	合	三
眴	晓	先	去	山	合	四	眴	匣	先	去	山	合	四							
臤①	溪	山	平	山	开	二	臤	匣	先	平	山	开	四	臤	溪	寒	平	山	开	一
臤	溪	耕	平	梗	开	二	臤	溪	真	去	臻	开	重四							
芍②	匣	萧	上	效	开	四	芍	禅	药	入	宕	开	三	芍	清	药	入	宕	开	三
芍	知	药	入	宕	开	三	芍	端	锡	入	梗	开	四							
鍉	禅	支	平	止	开	三	鍉	定	齐	平	蟹	开	四	鍉	禅	支	上	止	开	三
鍉	禅	支	去	止	开	三	鍉	定	齐	去	蟹	开	四							
絭③	溪	元	去	山	合	三	絭	见	元	去	山	合	三	絭	溪	仙	去	山	合	重三
絭	见	仙	去	山	合	重三	絭	见	烛	入	通	合	三							

举例如“眴”，《广韵》相伦切，眩，又音舜；如匀切，同瞤；舒闰切，同瞬；许县切，目动，又音舜；黄练切，同旬。笔者按，瞤、瞬、旬，《广韵》都有目动摇义。

① 臤，《广韵》“坚也”义属溪山、溪寒、溪耕、溪真四声。举例如“眴”，《广韵》相伦切，眩，又音舜；如匀切，同瞤；舒闰切，同瞬；许县切，目动，又音舜；黄练切，同旬。笔者按，瞤、瞬、旬，《广韵》都有目动摇义。

② 芍，《广韵》“芍药”属知药、禅药二声。

③ 絭，《广韵》臂绳义属见烛、溪仙二声。

五、六　音

“同义异读”六音部分包括“声韵调等不同、声韵调摄等不同”两类，各 1 例。（见表 16、表 17）

表 16　　　　　　　　声、韵、调、等不同

鏨	从	覃	平	咸	开	一	鏨	从	谈	平	咸	开	一	鏨	崇	咸	平	咸	开	二
鏨	从	盐	上	咸	开	三	鏨	从	谈	上	咸	开	一	鏨	从	谈	去	咸	开	一

按：“鏨”有六音，《广韵》昨含切，小凿，又才三切；昨甘切，小凿；士咸切，小凿，又才三切；慈染切，小凿名；才敢切，鏨凿也，又音慚。“鏨”之六音，义皆为“小凿”，而声、韵、调等小异。

表 17　　　　　　　　声、韵、调、摄等不同

揭①	溪	祭	去	蟹	开	重三	揭	见	月	入	山	开	三	揭	群	月	入	山	开	三
揭	群	薛	入	山	开	重三	揭	溪	薛	入	山	开	重三	揭	见	薛	入	山	开	重四

按：“揭”有六音，《广韵》去例切，褰衣渡水，由膝以下曰揭；居竭切，揭起，《说文》曰：高举也；其谒切，同擖；渠列切，高举，又趄、许二音；丘竭切，高举也，又担也；居列切，揭起。“揭”之六音，皆有“揭起”义，而声、韵、调、摄等小异。

六、七　音

“同义异读”七音部分包括“声韵调摄等不同、声韵摄开阖等不同”两类，各 1 例。（见表 18、表 19）

声、韵、调、摄等不同：

“哆”有七音，内部可分三层：一层义为“张口也”，“哆吴大口”《广韵》属敕加切、尺氏切、陟驾切；一层义为“语声”“哆声”，《广韵》属丁可切、丁佐切、昌志切；一层义为“唇下垂”，《广韵》属昌者切。虽分三层，三者意义实相关。

声、韵、摄、开阖等不同：

“泺”有七音，“水名”义《广韵》属卢谷切、普木切、卢毒切、以灼切、卢各

---

① 揭，《广韵》高举义属溪薛、群薛二声，揭起义属见薛、见月二声。

切;“陂泺”义属匹各切;“贯渠”义属郎击切。严格来看,“泺”字实属五音同义。

表 18

哆	彻	麻	平	假	开	二	哆	昌	支	上	止	开	三	哆	端	歌	上	果	开	一
哆①	昌	麻	上	假	开	三	哆	昌	之	去	假	开	三	哆	知	麻	去	假	开	二
哆	端	歌	去	果	开	一														

表 19

泺②	来	屋	入	通	合	一	泺	滂	屋	入	通	合	一	泺	来	沃	入	通	合	一
泺	以	药	入	宕	开	三	泺	来	铎	入	宕	开	一	泺	滂	铎	入	宕	开	一
泺	来	锡	入	梗	开	四														

七、“同义异读”来源及性质考

据笔者统计,《广韵》异读总量有 2704 例,《广韵》“同义异读”部分有 1828 例,占 67.6%。分析“同义异读”的来源和性质是研究《广韵》异读的重要内容。

(一)《广韵》“同义异读”来自方言

葛信益在《〈广韵〉异读字发生之原因》一文中指出:“一字因方音不同,而有异读者。如玉名之玒,而兼收东江。蜙蜂之蚣,而钟肿并出。训释无异,音读有别。揆其所由,实缘方音。其他凡义同而音异者,均属此类。至如猫切武瀌(宵韵),又音莫交(肴韵),考之慧琳《音义》十一,则曰‘貌,莫包反,江外吴音以为苗字,今不取。’夫慧琳言音,实取则于以秦音为依据之《韵英》诸书,是以秦音为正,吴音为外。今案莫交与莫包同音,当即秦音,武瀌与苗字音同,知为吴音。打切德冷(梗韵),又音都挺(迥韵)。而慧琳书八云:‘打,德耿反,陆法言云都挺反,吴音,今不取。’十一又云:‘打,德冷反,今江外吴地音顶,今不取。’是梗韵之字,秦音也,迥韵之字,则陆氏所据之吴音也。又四十六云:‘厌、伊琰反,山东音伊叶反。’则《广韵》厌切于叶,山东音

① 哆,《广韵》“张口”义属彻麻、昌支二声。“语声”义属端歌、昌之二声。

② 泺,《广韵》“水名”义属来屋、滂屋、来沃、以药、来铎五声。

也。又切于琰，乃秦音也。是又考案别籍，可以窥见某音为某处方音者也。”“又有因读音有古今之不同，遂发生异读者。如模韵郐，同都切；鱼韵郐，似鱼切，并注地名。案《说文》郐，从邑余声，读若涂。小徐《系传》曰：‘古音涂，今音徐。’《广韵》因之，分收两韵。”[①]笔者同意此说。

另外，刘红花在其硕士论文《〈广韵〉方言词研究》（湖南师范大学，2002）中分析了数例由方音不同而形成的又音，如“攻”“虹”“打”“败”“暨”，亦可参考。

（二）《广韵》“同义异读”来自汉魏六朝旧音，是韵部演变的结果

刘莉曾在博士论文中引用吴承仕[②]、罗常培[③]、赵振铎[④]所论，认为“汉魏时期的经籍传注对后世有极大的权威性，后代经师都是依注标音，尤其是汉代的音读材料是他们最直接的依据。因此，将汉魏音读材料与《广韵》中的异读进行比较，可以追溯《广韵》异读的来源”[⑤]。作者进一步指出，有的直接沿用汉魏时期同一经师音读中的异读，如“䀠”字，《广韵·虞韵》“举朱切”下有：“䀠，左右视也”。《遇韵》“九遇切”下有“䀠，左右视也”。刘莉论证说，《说文·䀠部》：“䀠，左右视也。从二目。凡䀠之属皆从䀠。读若拘，又读若良士瞿瞿。”“读若拘”，即“举朱切”，“又若良士瞿瞿”，即“九遇切”。属于笔者所论的“同义异读”。又如“痈”字，《广韵·盐韵》“处占切”下有“痈，皮剥也”。“汝盐切”下有“痈，皮剥。又处占切”。刘莉论证说，《说文·疒部》：“痈，皮剥也。从疒冉声。读若柟，又读如襜。”“读若柟”，即“汝盐切”，“又读若襜”，即“处占切”。这也属于我们所论的“同义异读”问题。刘莉还讨论了“采用汉魏时期不同经师不同注音造成的异读”问题，认为“汉魏音读材料中往往有同一个词，不同的经师却注上了不同的读音，这或许由于师承有别，又或许由于

---

① 葛信益：《〈广韵〉异读字发生之原因》，《〈广韵〉丛考》，北京师范大学出版社 1993 年版，第 3～6 页。

② 吴承仕认为：“陆法言撰集《切韵》，所用切语上下二字，大抵沿袭旧文，不自创作。”（吴承仕：《经籍旧音序录》，《经典释文序录疏证》，中华书局 2008 年版，第 157 页）

③ 罗常培认为：“法言所注的音处处都有来历。”（罗常培：《〈切韵〉探赜》，《罗常培文集》第 7 卷，山东教育出版社 2008 年版，第 12 页）

④ 赵振铎认为：“《广韵》的又读绝大多数来源于前代旧注和音义之书”，“韵书的目的在于读书正音，它的旨趣虽然和音义之书不尽同，但是在保留一些有影响的读音这点上和音义之书还是一致的”（赵振铎：《〈广韵〉的又读字》，《辞书学论文集》，商务印书馆 2006 年版，第 235～236）。

⑤ 刘莉：《汉魏音读异读字研究》，北京大学博士学位论文，2012 年。

方俗的差异，今不能确定，《广韵》中完好地保留了这些读音。”[①]刘莉举例说，如“婼”字，《广韵·支韵》“汝移切”下有：“婼，《前汉·西域传》有婼羌。”《麻韵》“人赊切”下有：“婼，婼羌，国名。”刘莉论述说，《汉书·赵充国传》：“长水校尉富昌、酒泉侯奉世将婼、月氏兵四千人。”颜师古《汉书注》云：“服虔曰婼音儿，羌名也。苏林曰婼音儿遮反。”“音儿”，即“汝移切”，“音儿遮反”，即“人赊切”。

史俊认为：“韵系见异读情况与上古韵部归属情况的高度一致性，不是偶然的，这就说明这些异读字是汉语历史上韵部离散演变的结果。一般说来同一声符的字上古属于同一韵部，但是随着语音的演变，某些声符的字便会成系统的发生转移，从某一韵部转到另一韵部。然后由于某些原因，有些声符的字转移并不彻底，其中有的转到了新的韵部，有的还留在原来的韵部，也有的会两部兼在。这些两部兼存的字便会称为异读字。比如‘工’声字，上古属东部，到刘宋时离开东部，独立为江部，但是不彻底，有的已经属于江部，如‘江豇杠腔’等；有的仍属于东部，如‘工功空控贡’等；有的则两属，如‘虹悾崆涳’等，这些两属的字就成了东与江韵系之间的异读字。”[②]

以上诸论，已具论《广韵》又音“同义异读”的来源。笔者再举数例以明之。

《广韵》“同义异读”见于《经典释文》[③]，如“仡”字，《广韵》鱼迄切，壮勇皃；又许讫切，壮勇皃。今考《经典释文》：“仡仡，许讫反，又鱼乞反。马本作讫讫，无所省録之貌。徐云：强状。”二者实同音。

结　论

《广韵》异读总量有 2704 例，《广韵》“同义异读”部分有 1828 例，占 67.6%。同义异读以二音为主，其中又以调类不同为主，其次是声类不同情况。调类不同又以平去相对为主。声类不同以滂并同部位相转最多。三音关系以“声调不同”最多，有 49 例，“声调不同”的 49 中，声类虽不同，但多以同发音部位的声类相转，如舌音“透—透—定、定—定—透、端—透—定、透—泥—泥”，牙音“见—见—溪、见—见—疑”，唇音“帮—帮—滂、滂—滂—

① 刘莉：《汉魏音读异读字研究》，北京大学博士学位论文，2012 年。

② 史俊：《〈广韵〉异读探讨》，苏州大学硕士学位论文，2005 年。

③ 刘海兰：《〈经典释文〉与〈广韵〉异读比较研究》（湖南师范大学硕士论文，2015 年）曾论及《广韵》“同义异读”与《经典释文》又音的问题，可以参考。

帮、滂—滂—并、并—并—帮”,齿头音“精—从—从、精—精—从”等。四音部分以声韵调摄等不同最多,有14例。这就是说,在四个不同的音中,只有开阖是相同的,其余的音韵地位都不是完全相同的,这跟三音中量最多的“声调不同”类有异。五音音韵地位中,以“声韵调摄等不同”者最多,有5例,这点与四音相同。“同义异读”六音部分包括声韵调等不同、声韵调摄等不同两类,各1例。“同义异读”七音部分包括声韵调摄等不同、声韵摄开阖等不同两类,各1例。《广韵》同义异读或来源于方言,或来自汉魏六朝旧音,是韵部演变的结果。

《广韵》同义异读反映的语音问题具有层次叠置,就像《广韵》音系一样,是一个综合系统。既有中古语音特征,又有上古特别是汉魏语音残留。如“二音声类不同”部分,统计与“以母”构成的异读,有清以异读2例、从以异读1例、邪以异读4例;昌以异读1例、船以异读3例、书以异读5例、禅以异读3例;彻以异读2例;云以异读1例;来以异读1例。既有以母与精组的异读,又有与章组的异读,还有与彻母的异读,云、以的异读以及来、以的异读。其中以母与精组相混,说明齿音与流音关系密切,可能反映了以母的塞擦化现象,属于上古音的残留。云以异读应该反映云以合流的问题,王力(1980)认为二者至少在10世纪就已经开始合流了,也就是中古的语音现象。来母与以母相混应该反映了上古音的残留,郑张尚芳(2013)结合梅祖麟(1981)的认识,也将来母拟为r,将以母拟为l,二者皆属于流音,可以相互交替。总之,《广韵》同义异读显示的声韵关系,层次复杂,既有语音演化的反映,又有语音固话的残留,还有方言的掺杂,属于不同层次的叠置。限于篇幅,本文仅仅从数据上分析了《广韵》同义异读的特征,有关异读的具体问题,另文再论。

论北齐佛经翻译

高光新*

摘　要：北齐佛教译经不多，有译经师2人，总共译出8部52卷佛经。译出这些佛经是受当时废佛运动的影响，既是服务信众，也是为了补全前贤译经。北齐的译经在后世产生一定影响，尤其是《大方等大集月藏经》，这部佛经直接促进了末法说的形成，影响了三阶教和净土宗的教义。

关键词：北齐；译经；原因；影响

北齐(550～577)存在时间很短，佛教却很兴盛；佛经翻译虽然不是很突出，但是很有特点。

一、北齐佛经翻译类型

北齐的佛经翻译有两种方式：一是从其他语言翻译成汉语，二是从汉语翻译成其他语言。

(一)从其他语言翻译成汉语

这类佛经的来源语言没有明确记载，目的语是汉语。北齐译成汉语佛经的经师和卷数，历代佛经目录都有记载。

隋代费长房《历代三宝纪》卷九：

> 高齐沙门那连提耶舍七部五十二卷经论，优婆塞万天懿一部一卷经。[①]

---

* 作者简介：高光新，山东五莲人，博士，唐山师范学院中文系副教授，主要从事汉语词汇研究。

① [日]高楠顺次郎《大正藏》49册，大正一切经刊行会出版，83页中。

唐代道宣《大唐内典录》卷四：

> 译人道俗二头，出经论八部五十三卷，为《高齐录》云：沙门那连耶舍七部五十二卷经论，优婆塞万天懿一部一卷经。[①]

唐代智升《开元释教录》卷六：

> 高齐传译缁素二人，所出经论总八部，合五十二卷，并在无阙。[②]

唐代圆照《贞元新定释教目录》卷九：

> 缁素二人，所出经论八部五十二卷：沙门那连提梨耶舍七部五十一卷经论、居士万天懿一部一卷经。[③]

从以上四部目录可知，翻译经师有2人，译出佛经8部，共52卷或53卷。经师2人分别是那连提耶舍和万天懿。8部经论，那连提耶舍译出的7部是(用《大正藏》目录名称)：《菩萨见实三昧经》(16卷)、《大悲经》(5卷)、《大方等大集月藏经》(10卷)、《大乘大集须弥藏经》(2卷)、《月灯三昧经》(10卷)、《佛说施灯功德经》(1卷)、《阿毗昙心论经》(6卷)，万天懿译出的1部是《尊胜菩萨所问一切诸法入无量门陀罗尼经》(1卷)。

关于卷数的差异，原因在于对《月灯三昧经》卷数的记载不同，《开元释教录》卷六："《月灯三昧经》十一卷(或十卷，天保八年于天平寺译出)。"[④]《历代三宝纪》《大唐内典录》认为是11卷，因此北齐译经共53卷；《开元释教录》《贞元新定释教目录》认为是10卷，因此北齐译经共52卷。这两种判经结果影响到后世，如明代《永乐南藏》认为《月灯三昧经》是11卷，《永乐北藏》认为是10卷。现采用《大正藏》说，认为是10卷，因此北齐译经共有52卷。

另有一部《明度五十校计经》(2卷)，《大正藏》认为是那连提耶舍所译，而南朝梁僧祐《出三藏记集》卷二："《五十校计经》二卷(或云《明度五十校计经》)……汉桓帝时，安息国沙门安世高所译出。"[⑤]《出三藏记集》认为是东汉时期的安世高所译，后世佛经目录均从此说，吕澂《新编汉文大藏经目录》[⑥]也这样认为。荷兰汉学家许理和从语言角度考察东汉翻译的佛经，他的两

---

① 《大正藏》55册，270页下。
② 《大正藏》55册，579页下。
③ 《大正藏》55册，842页上。
④ 《大正藏》55册，705页中。
⑤ 《大正藏》55册，6页中。
⑥ 吕澂：《新编汉文大藏经目录》，齐鲁书社1980年版，第54页。

篇重要论文《最早的佛经译文中的东汉口语成分》[①]、《早期佛经中的口语成分》[②]，列出的安世高的译经，都没有《明度五十校计经》。综合以上意见，我们不把《明度五十校计经》看作是那连提耶舍的译经。

《开元释教录》所记录的南北朝译经总数为 668 部 1439 卷[③]，与此相比，北齐的 8 部 52 卷，显得非常少，这个数字在南北朝各个朝代译经部数和卷数中都是最小的。

(二)从汉语翻译为其他语言

《北齐书》卷二十《刘世清传》："后主命世清作突厥语翻《涅槃经》，以遗突厥可汗。"北齐后主高纬(565～576 年在位)命令刘世清把《涅槃经》翻译成突厥语，送给突厥可汗。在北齐后主时期，突厥曾在 566 年、567 年、572 年来朝贡，573 年来求婚。

二、译经原因

南北朝时期我国的佛经翻译工作持续进行，北齐的译经是这项工程的一个有机组成部分。除此之外，北齐译经还有其自身的原因。

(一)服务信众

南北朝时期战争频繁，无论缁衣白衣，都深受其害。面对这种情形，佛经需要为信众服务，例如《大方等大集月藏经·忍辱品》讲不得打骂欺侮出家人，慈能够"离诸难""具大富""得官位"，脱离灾难，得到富贵和官位，符合当时人们的愿望。《佛说施灯功德经》讲述了以灯供养能得到的各种福德。

(二)受废佛影响

北魏太武帝(424～452 年在位)发动过废佛事件，对佛教造成沉重打击，面对这种情势，那连提耶舍译出《大乘大集须弥藏经》，其中《陀罗尼品》劝诫国王不要恼乱出家人，否则会导致灾荒。面对废佛事件，佛教信众需要进行

---

① 许理和：《最早的佛经译文中的东汉口语成分》，蒋绍愚译，《语言学论丛》第十四辑，商务印书馆 1984 年版，第 225 页。

② 许理和：《早期佛经中的口语成分》，朱冠明译，《〈摩诃僧祇律〉情态动词研究》(附录 1)，中国戏剧出版社 2008 年版，第 241～243 页。

③ 参见任继愈：《中国佛教史》第 3 卷，中国社会科学出版社 1988 年版，第 792 页。

反思，正面应对。《大悲经》记载佛在涅槃之前，以法嘱咐迦叶、阿难等，述佛灭后弘法之人，宣示供养舍利之功德，预示结集之法，给信众以希望。

然而废佛给人们的打击太大，不禁使人联想到佛教的衰微、信行证悟者减少，于是末法说逐渐出现。在北齐之前，对末法的论述零星出现，不成系统，也不受重视，到了北齐才系统出现。北齐僧人慧思于558年写成《南岳思大禅师立誓愿文》，首次全面阐发末法思想。正法五百年，像法一千年，末法一万年，慧思出生于“末法八十二年”[①]，即515年，从此之后是末法时期，北齐(550～577年)正处在末法时期的初始阶段。不久，那连提耶舍于566年译出《大方等大集月藏经》，其中《法尽灭品第二十》云：“今我涅槃后，正法五百年……像法住于世，限满一千年。”[②]正法、像法的年数与慧思相同，但没有说明末法的年数，这一品还描述了末法时期的形势，弥勒为首的贤劫愿意护持佛法，还预言法灭后之事。

(三)弥补前贤译经

一是补充毗昙学著作。南北朝时期，南方盛行毗昙之学，从东晋僧伽提婆到建康讲《阿毗昙》开始，之后整个南朝时期毗昙讲习之风一直兴盛不衰。北方开始的时候毗昙学不显著，后来逐渐兴起，慧嵩从高昌到东魏，跟随智游学习《毗昙》，学成之后，声名日盛，又到邺、洛阳等地传法，被称为“毗昙孔子”，弟子有志念、道猷、智洪、晃觉等人，影响很大。受南北传习毗昙的影响，并且《阿毗昙心论》已经译出，那连提耶舍才会译出方便学习毗昙的《阿毗昙心论经》。

二是把《月灯三昧经》翻译完整。南朝宋的先公翻译过两种《月灯三昧经》，都是1卷，第一个版本又叫《文殊师利菩萨十事行经》，相当于那连提耶舍十卷本中的第6卷，第二个版本，根据后记怀疑是东汉安世高所译。由于以上两个版本不全，那连提耶舍翻译了完整的《月灯三昧经》。

三、译经影响

北齐的8部译经，在后世的影响大小不一，大部分影响不大，例如《月灯三昧经》，后人连它的卷数都不能确定，可见不是很受重视。在后世影响比较大的是《大悲经》和《大方等大集月藏经》，尤其是后者的影响更大。

---

① 《南岳思大禅师立誓愿文》，《大正藏》46册，787页上。

② 《大正藏》13册，379页下。

(一)《大悲经》的影响

《大正藏》第 85 函收有佚名的《究竟大悲经》第二、三、四卷，从名称来看应该是注解《大悲经》的。后世僧人解经也常引用《大悲经》，如唐道宣《释门章服仪》专门讲述僧人的着装等问题，十分重视穿着的正确性，“近则随行自修，远则资成圣业。故《大悲经》云：披着袈裟者，性是沙门，污沙门行，于弥勒佛乃至楼至佛，得入涅槃”①。并且引用《大悲经·礼拜品第八》为证。

(二)《大方等大集月藏经》的影响

此经共二十品，前十九品记载佛度化魔王、阿修罗、天、龙、鬼神等，且嘱咐他们守国土等事；最后《法尽灭品第二十》，佛以偈描述末法时期的形势，嘱咐众菩萨护持，大众默然，只有弥勒为首的贤劫愿意承当。佛又以偈预言法灭后之事，并告知弥勒等，持经有众多功德。此经部头很大，尤其是对末法的描述，后世多有引用、阐发。

对于佛灭后佛教发展分期的预测，在《大方等大集月藏经》中有两种预测。一是《分布阎浮提品第十七》：

> 于我灭后五百年中，诸比丘等，犹于我法解脱坚固；次五百年，我之正法禅定三昧得住坚固；次五百年，读诵多闻得住坚固；次五百年于我法中多造塔寺得住坚固；次五百年，于我法中斗诤言颂白法隐没损减坚固。②

此处预测了五个分期，各五百年，每个阶段信众的表现不一，不过都是信仰程度降低，后世常引用，如唐窥基《妙法莲华经玄赞》、唐澄观《大方广佛华严经随疏演义钞》、唐怀感《释净土群疑论》、唐大觉《四分律钞批》、唐道绰《安乐集》、唐迦才《净土论》。例如迦才《净土论》卷下：“如《大集月藏分》云：……若据此经，今是第四五百年余，既无定慧之分，唯须修福忏悔。”③意思是说，根据《大方等大集月藏经》的五个分期，现在是第四个五百年，众人如果没有定慧之分，只需要修福忏悔才能解脱。

二是《法尽灭品第二十》：

> 今我涅槃后，正法五百年，住在于世间，众生烦恼尽，精进诸菩萨，得满于六度，行者速能入，无漏安隐城。像法住于世，限满一千年，剃头

① 《大正藏》45 册，837 页上。

② 《大正藏》13 册，363 页中。

③ 《大正藏》47 册，100 页下。

着袈裟，持戒及毁禁，天人所供养，常令无所乏。[①]

此处预测了正法的五百年和像法的一千年，后世也有引用。例如，唐澄观《大方广佛华严经随疏演义钞》、唐智俨《华严五十要问答》、佚名《西方要决科注》等，澄观《大方广佛华严经随疏演义钞》是两说都引用，其中卷二曰："今为像末，以今去大师涅槃一千八百六十年故。又按《大集·月藏分》，第一五百年解脱牢固，第二五百年禅定牢固，第三五百年多闻牢固，第四五百年塔寺牢固，第五五百年斗诤牢固。今居塔寺之末，将邻斗诤之时。翻闻难思之经，碎身莫酬其庆。"[②]意思是说，现在处于像法的末期，因为现在距佛涅槃有一千八百六十年。又按照《大方等大集月藏经》的五个分期，现在是第四个五百年，将要接近第五个五百年了，现在听闻了难以思维的佛经，就算是粉身碎骨也不能表达我的庆幸。

《大方等大集月藏经》在后世被不断引用，用于证明处于佛所预言的哪个时期，这是表面的影响，深层的影响在于促进了末法说影响的扩展，加深了人们对当时佛教现实的反思。

盐入良道《中国佛教的形成》认为，中国佛教界末法说的兴起，一个重要原因是《大方等大集月藏经》的译出，"而诸经论中，又以《大集经·月藏分》的译出(566)，给人心的刺激最大。此外，当时中国佛教界又亲眼目睹到浇末、末法的北周破佛问题"[③]。面对北魏太武帝和北周武帝的两次废佛，慧思的末法说刚刚产生不久，马上就有佛经验证他的观点，不禁使人们深信不疑。

面对现实，佛教信众不能无动于衷，需要行动起来，尽量减少末法说的冲击，维持人们对佛的信行。藤堂恭俊《华北异民族统治下的佛教》："认为信行(540～594)的三阶教，道绰(562～645)的阿弥陀净土教，以及灵裕所开凿的宝山石窟，静琬(？～639)在房山的石经刻造事业等，都是因为切身体会到末法感而做的，实在也不为过。"[④]

三阶教是隋代信行创立的，中唐以后失传，智升《开元释教录》载三阶教文献目录，其中有《三阶佛法》四卷、《大集月藏分依义立名》一卷、《大集月藏

① 《大正藏》13册，379页下。

② 《大正藏》36册，14页上。

③ [日]盐入良道：《中国佛教的形成》，余万居译，《中国佛教史》，华宇出版社1995年版，第250页。

④ [日]藤堂恭俊：《华北异民族统治下的佛教》，余万居译，《中国佛教史》，华宇出版社1995年版，第184页。

分抄》一卷。《三阶佛法》是信行的著作，大量引用《月藏经》，仅以法藏敦煌文献伯希和 P. 2059《三阶佛法》第三卷[①]为例。此卷虽然缺卷首，但仍然六次引用《大方等大集月藏经》。《大集月藏分依义立名》和《大集月藏分抄》是《大方等大集月藏经》的注解和摘抄，以此作为三阶教的文献，可见《大方等大集月藏经》对三阶教影响很大。

前面所列引用《大方等大集月藏经》的著作，净土宗的最多，《大方等大集月藏经》对净土宗的影响也非常大。道绰是隋唐之际的净土宗高僧，他的著作现仅存《安乐集》，在《安乐集》卷上，根据《大方等大集月藏经》里佛预言的五个五百年，提出自己的主张。净土宗的重要主张是念佛，道绰从《大方等大集月藏经》找到了念佛的理论根据，因为现在处于佛去世后的第四个五百年，需要忏悔修福，需要念佛，只有通过念佛才能消除罪过。道绰的这个主张被后来的净土僧人接受，例如迦才的《净土论》。

灵裕开凿宝山石窟、静琬刻房山石经是受废佛、末法说影响，至于是否直接受到《大方等大集月藏经》影响，现已无从验证。

① 《三阶佛法卷第三》，《法藏敦煌西域文献》第 4 册，上海古籍出版社 2004 年版，第 1～8 页。

清末民初白话报刊“一A一B”构式研究*

韩书庚**

摘　要：白话报刊是研究清末民初汉语的重要语料，对其研究不仅有助于把握这一过渡阶段的语言面貌，而且对汉语史的分期研究也有所裨益。本文运用构式语法理论对“一A一B”构式从内部构件、句法功能、构式义及语体选择等方面进行研究。考察发现，构式中A与B的词性一致，可为名词、动词、形容词及量词，两者意义相同、相近或相反；构式的句法功能多样，包括主语、谓语、宾语、定语。构式义包括加合义和隐喻义两种类型。此构式多用于口语语体中。

关键词：“一A一B”；构式语法；白话报刊；清末民初；构式义

引　言

清末民初是由近代汉语向现代汉语发展的重要时期，它在汉语历史发展中处于承上启下的关键阶段。王力先生(1980)在论述汉语史的初步分期时把鸦片战争至五四运动这一阶段作为过渡阶段①，这一时期的语料繁杂，我们把考察的对象放在学术界较少关注的白话报刊语料上。据胡全章(2011)考察，此时期出现370种白话报刊②，总体而言，语言通俗易懂，口语化较强，可以说代表了清末民初时期汉语的白话面貌，具有重要的语料学价值，不仅有助于把握这一阶段的语言面貌，而且对于汉语史的分期研究也有

* 基金项目：本文为教育部青年基金项目(19YJC740016)的阶段性成果。

** 作者简介：韩书庚，唐山师范学院中文系讲师，主要从事语法学研究。

① 参见王力：《汉语史稿(重排本)》，中华书局2004年版，第44页。

② 胡全章：《清末民初白话报刊研究》，中国社会科学出版社2011年版，第23页。

裨益。考察发现,白话报刊中出现了较多的语法构式,本文选择"一 A 一 B"构式进行考察。例如:

(1)既是这样 做父母的一言一笑 一举一动 都要老成庄重 留个好好的样子 给小孩子学习 若是家庭的风范 既然不正 还想有个佳子弟 这不是很难的事情么(《安徽俗话报》1904 年第 15 期第 19 页)

(2)若说那一班女子 要找出一个识字的人 如同沙里淘金 真正不得容易 到是他们外国 不论一乡一镇 都有几个学堂 小孩子七岁以上 无论男女 都要到学堂里去(《杭州白话报》1901 年第 2 期第 1～2 页)

作为一种理论,构式语法由于其具有较强的解释力和语言习得的实际证据,其影响力日益扩大。Goldberg 认为:"任何语言格式,只要其形式或功能的某些方面不能从其组成部分或其他已经存在的构式中得到完全预测,就应该被看作是一个构式。此外,即使有些语言格式可以得到完全预测,只要它们的出现频率很高,这些格式仍然会被语言使用者存储为构式。"[①]下文我们对"一 A 一 B"构式进行语法、语义、语用等方面研究,试图发掘清末民初白话报刊时期这一重要构式的语言特征。

一、构式的内部构件

考察发现,"一 A 一 B"构式中 A 与 B 均为单音词,且词性相同,具体分为以下类型。

(一)A 与 B 为名词

进入此构式的 A 与 B 包括时间、处所、方位、指人、事物等名词小类。例如:

(3)三月初一日 省城里举行禁赌大会 做个纪念 会中的景物 也有扮演故事的 也有妆扎灯彩的 自首至尾 排到十里路长 远近的人 都来观看 摆得一日一夜 方才收去 真算得广东未有的盛会 可惜路途太远 我们赶不及 不能也去开开眼界(《少年》1911 年第 3 期第 25 页)

(4)一族有一族的自治团体 一乡有一乡的自治团体 一堡有一堡的自治团体 一邑有一邑的自治团体 推而至于一市一村 一坊一业 都有自治团体 要能够全国如是 那怕他千军万马 也不能冲突这个自治团体呢

① [美]Adele E. Goldberg:《运作中的构式:语言概括的本质》,吴海波译,北京大学出版社 2013 年版,第 5 页。

呵呵(《杭州白话报》1902 年第 3 期第 1～2 页)

(5)节 竹节的节 每节当中空处 彼此不通 外面节旁生枝 上下两枝必是一左一右 凡人做事 有一定的分寸 如同竹子生节似的 所以叫有节(《京话日报》1904 年第 10 期第 20 页)

(6)这种茧将来变了蛾 配合起来 那种子一定是顶好的了 譬如有一男一女 那身体一样的肥胖 性情一样的活泼 面貌一样的生得好 这两个若果做了夫妻 他生的儿子 一定不坏的了(《中国白话报》1903 年第 3 期第 69 页)

(7)这政体两字 是说做政事的体统 某朝代章程规矩怎么样 就叫做某朝代政体怎么样 中国古老时候 那些百姓 各人只顾着各人自己的一家一族 散散漫漫 说起来好笑的狠哩(《中国白话报》1903 年第 3 期第 7 页)

由时间名词形成的构式还如"一生一世、一朝一夕";由处所名词形成的还如"一乡一镇、一乡一城、一府一县、一州一县";由方位名词形成的还如"一前一后、一上一下";由指人名词形成的还如"一夫一妇、一妻一子、一人一姓、一身一家、一子一女"。由事物名词形成的还如"一心一意、一水一火、一草一木、一事一物、一刀一枪、一枪一剑、一马一枪、一树一木、一捶一脚、一步一跛、一言一听、一枪一炮、一字一句"。

(二)A 与 B 为动词

根据 A 与 B 进入此构式的意义可分为近义动词与反义动词。例如:

(8)按马玉崑词意之间一推一挪 一打一敲看他的说话语气 说是练兵为要 但是筹饷为急 说是我兵可以御侮 但是兵力太单(《杭州白话报》1902 年第 31 期第 1 页)

(9)学了几句外国语言 读过几本外国书籍 一举一动 一言一语 无非是颂扬西国 崇拜外人(《杭州白话报》1902 年第 19 期第 1 页)

(10)衣之卫生 中国人的习惯 素尚外表 止图外衣华美 不管内衣的污秽 不知内衣近接皮肤 皮肤上边也有呼吸作用(呼好比往外排泄 吸好比往里吸收 一出一入 就叫作呼吸作用)(《少年》1911 年第 9 期第 24 页)

(11)若是有人被雷打死 还有个救活的法子 你道是什么法子呢 就是灌些水到肚子里去 再用手在他胸门口上一压一放好几次 等到他有了呼吸的气 那时就快复活过来了(《安徽俗话报》1904 年第 3 期第 40 页)

由近义动词构成的构式还包括"一举一动、一言一语、一冲一激、一敲一击、一摇一摆、一惊一喜",由反义动词形成的构式还包括"一涨一缩、一惊一喜、一跷一跌、一来一往、一问一答、一进一出、一升一降"。

(三)A 与 B 为形容词

考察发现,A 与 B 进入此构式时意义相反。例如:

(12)世上无论一件什么东西一好一丑两下里比较起来　人人都要那好的　不要那丑的　这是一定的人情(《安徽俗话报》1904 年第 13 期第 1 页)

(13)他问起王阳明　你也不晓得　他问起支那哲学派别　你也莫名其妙　面孔一红一绿到这时候才觉得难为情　也来不及了(《中国白话报》1904 年第 8 期第 7 页)

由形容词形成的构式还如"一强一弱、一好一歹、一大一小、一长一短"。

(四)A 与 B 为量词

考察发现,A 与 B 进入此构式时意义相关。例如:

(14)凡外国人　有损害他国内一丝一毫的权利　要看得同辱我的身子一样 便是极大的事(《杭州白话报》1902 年第 12 期第 7 页)

(15)章程未曾议定 现在已派委员 到各府去设分局 唉 这许多银子一毫一厘 都是从百姓身上刮削下来(《杭州白话报》1901 年第 9 期第 1 页)

由量词形成的构式还如:"一尺一寸、一升一粒、一斗一石"。需说明的是,"一 A 一 B"构式不包括 A、B 为相同量词构成的格式,包括"一块一块、一处一处、一阵一阵、一日一日、一回一回、一件一件、一层一层、一滴一滴、一项一项、一步一步、一道一道、一株一株、一排一排、一桩一桩、一个一个、一摊一摊、一群一群、一段一段、一点一点、一步一步"等,我们认为这些属于重叠现象。

二、构式的句法功能

考察发现,"一 A 一 B"构式的句法功能呈现多样性,包括主语、谓语、宾语、定语。例如:

(16)至于当兵的人呢 见了人家谨守军法 同队相亲相爱 下乡巡查对乡民一味和平 不敢非礼非法 不取一草一木 平时认真操练 临阵拼命

上前 有到这种好军队 好榜样 咱们一般军人也必得鼓点劲儿 定要作到一样 这气是军人应当用的(《吉林通俗教育讲演稿范本》1916 年第 10 期第 25 页)

(17)今天天气怪闷得紧 何不一同野外走走 换些新鲜空气 总比在家闷坐着强得多哩 老者答应一声 便在堂门后面 捡了一枝半新半旧的拐杖出来 一跷一跌 缓缓的踱出门外(《杭州白话报》1903 年第 1 期第 1 页)

(18)英国有个人 名叫吴士特的 因为犯了罪 发下监牢 有一天他在监牢里面 自己煎茶 看见那水煎到极热的时候 热气就冲上来把茶壶的盖 掀得一高一低的磕动 他就恍然有悟 晓得蒸气发出的力量极大 可以替人做事(《中国白话报》1904 年第 21～24 合期第 233 页)

(19)今年岁考 明年乡考 后年会考 那命运凑上的 做了官 赚些银钱 封妻荫子 荣耀乡里 便算是他一生一世的正经大事了(《杭州白话报》1902 年第 28 期第 47 页)

例(16)的“一草一木”为主语,例(17)的“一跷一跌”为谓语,例(18)的“一高一低”为宾语,例(19)的“一生一世”为定语。“一 A 一 B”构式的句法功能分布与 A、B 的词性有一定关系,二者为名词性成分整个构式常作主语和宾语,A 与 B 为动词性成分时构式常作谓语。

三、“一 A 一 B”的构式义

每种构式都具有一定的构式义,并且构式义具有不可预测性。Goldberg 提出:“构式并非只有一个固定不变的、抽象的意义,而是通常包括许多密切联系的意义,这些意义共同构成一个家族。”[①]作为“一 A 一 B”构式义具体可分为两种类型。例如:

(20)黄辅年纪大了 早已无志功名 再是他别有一种见解 说道我们一生出世 便受着一点污点 除非是轩辕复生 神禹再世 才能够洗涤清白 平常时和人说话 一句儿也说不拢 因此得了一个称呼 叫做九龙山呆道人 他膝下一子一女 子名自强(《杭州白话报》1903 年第 12 期第 56 页)

例(20)中“一子一女”属于第一种构式,其构式义为加合义,即“一子”与“一女”两部分加合形成,类似的构式又如“一夫一妇、一妻一子、一人一姓、一身一家”等。

---

① [美]Adele E. Goldberg:《构式:论元结构的构式语法研究》,第 31 页。

(21)大凡人生在世间 必须有个做人的资格 这资格不是出世时候就带来的 专靠着少时教育 慢慢的养成一种好资格 你道这资格到底怎样呢 (一)有道德 (二)有知识 (三)体魄强健 以上三项都是由平日训练出来的 这训练的工夫 也非一朝一夕(《中国白话报》1904 年第 7 期第 9 页)

例(21)中"一朝一夕"属于第二种构式,其构式意义为隐喻义,即通过"一个早晨或一个晚上"相关概念的整合而产生新的意义,特指非常短的时间。类似的构式又如"一心一意、一生一世、一草一木、一枪一炮"等。

四、构式的语用选择

语体是指在长期的语言使用过程中,因交际领域、交际方式、交际目的、交际对象的不同,而逐渐形成的具有相对稳定的一系列语言使用特点的综合体。[①] 语体一般可分为口语语体和书面语语体。考察发现,"一 A 一 B"构式多用于口语语体中。例如:

(22)我们初次说话 难道就没有信实吗 报式 里头的字 是排印的 那种纸张 是用着外国纸顶干净的 外面是洋装的 和外国书一式一样 你道好看不好看(《中国白话报》1903 年第 1 期第 1 页)

(23)全路两万多里 十四天工夫可到 本来要铺双轨(壑车的铁条叫轨 双轨是两条路一来一往 不致碰撞)(《京话日报》1904 年第 8 期第 20 页)

上述例句中的"一式一样"与"一来一往"皆用于口语中,例(22)的"你道好看不好看",例(23)的解释性语句"壑车的铁条叫轨 双轨是两条路 一来一往 不致碰撞",这两处都体现出鲜明的口语语体色彩。

结　语

以上对"一 A 一 B"构式从句法、语义及语用等方面进行了详细而深入的考察,构式中"A、B"词性相同,构式句法功能包括主语、谓语、宾语、定语。构式义具体可分为加合义和隐喻义。此构式主要用于口语语体。

---

① 参见黎运汉、盛永生主编:《汉语修辞学》,广东教育出版社 2006 年版,第 428 页。

文学研究

巫山云雨和神女

——宋玉赋阅读札记

邱崇丙*

摘　要：宋玉对于中国文学的发展，在形式和内容方面都有所创新。他笔下的神女、美女形象，能给读者留下了优美温馨的印象，体现了人性的醇真。他又善于修辞和表达，具有"风流儒雅"的风格。

关键词：楚辞；神女赋；巫山

《史记·屈原列传》记载："屈原既死之后，楚有宋玉、唐勒、景差之徒者，皆好辞而以赋见称，然皆祖屈原之从容辞令，终莫敢直谏。"宋玉是屈原的弟子，曾任楚襄王的侍臣，在辞赋创作方面也有精彩的篇章。

《汉书·艺文志》记载宋玉作品 16 篇，已佚，散见于东汉王逸《楚辞章句》、南朝梁萧统《昭明文选》、南宋章樵《古文苑》。《楚辞章句》有《九辩》和《招魂》两篇。《昭明文选》有《风赋》《高唐赋》《神女赋》《登徒子好色赋》《对楚王问》五篇。《古文苑》收录了《笛赋》《大言赋》《小言赋》《讽赋》《钓赋》《舞赋》六篇。《九辩》和《招魂》可以确定是宋玉的作品。《昭明文选》所收作品，记述了宋玉自己的言行，有人质疑或出自他人之手。但辞赋记述人物对话，是其特点之一，不能因而否认它的真实性。《古文苑》中所收录的作品，真伪没有定论，但倾向于肯定。至于其他文籍中的《高唐对》《郢中对》《微咏赋》等，明显的是引文变异或讹传，无须旁骛。

宋玉对于中国文学的发展，在形式和内容方面都有创新之功。

* 作者简介：邱崇丙，原国家图书馆研究员，主要从事中国语言文学研究。

一、体裁和题材

所谓“皆好辞而以赋见称”，这“辞”原是指修辞，“从容辞令”，就是善于说话、善于应对的意思。“楚辞”的名称出现以后，则辞赋合为一体，成为一种新的文学体裁，一种独特的诗体。

先秦文学的体裁，严格地说，主要是诗歌。以北方民歌为主的诗，当时称之为“风”，也有一些官员士人的作品，称之为“雅”和“颂”。孔子称之为“诗三百”，汉以后称作《诗经》。以南方楚国民间歌舞为色调而创作的文体，称之为“赋”，合称为“楚辞”。《楚辞》以屈原、宋玉的赋为主，兼收汉代的作品。而汉代的辞赋则称为“汉赋”，名称上有所区别，而且赋体逐渐起了变化，向骈偶方向发展。

诗词歌赋辞，都是诗。刘勰《文心雕龙·诠赋》说：“赋者，铺也。铺采摛文，体物写志也。”“赋”与“铺”为同韵的唇音，兼有铺陈、展开之意。这是指赋的写作方法。楚国民间盛行巫风，祭祀时女巫装扮成神，服装鲜艳，载歌载舞，很像是演出戏曲。屈原的《九歌》，就是融合民间祭神的仪式而创作的。宋玉的《招魂》，也是根据民间的习俗写成的。江苏地区在战国时期是楚国的地盘，那里就存在着招魂的习俗。人在死亡或精神濒临崩溃时，家人为其招魂，希望把他的灵魂召回而复活。《招魂》赋是为屈原招魂。其主要内容，跟乡间习俗基本相同。

民间文艺的吸收和运用，是作家创作灵感的来源之一。宋玉师承屈原，共同为创作这一新的文体而留下了一系列的篇章。因而可以说，他们是中国最早出现的专业作家。

宋玉赋中最明亮的形象，是《高唐赋》《神女赋》中的神女。此外，还有《风赋》《笛赋》《钓赋》《舞赋》等篇章，即所谓“咏物”，这拓宽了赋的题材。此后，南朝谢庄的《月赋》、北朝庾信的《镜赋》《灯赋》，题材均为咏物之作。

《风赋》，描写刮风的景象，劝谏楚王。

《笛赋》一文，先写竹子的生长情况，再写乐师的发现、工匠的制作，又写演奏，继写音乐效用。这就是刘勰所说的“赋者，铺也”。这种铺陈的写法，可谓面面俱到，罗列成篇。

《钓赋》用钓鱼来比喻政治，并举例说明。以民众为鱼，以帝王为钓者，借喻帝王应如何对待人民，去获得民心。

为了满足楚王的娱乐，宋玉又以舞蹈为题材，写了一篇《舞赋》。先写舞女的容貌服装，次写纵向、横向的舞蹈动作，再写穿插变化的队列，最后写分合的场面，结尾是观众大为赞赏。

赋的出现，是先秦诗坛上的异彩，为中国文学的发展注入了催化剂。形式和内容（体裁和题材）都有扩大深化的趋向，它是由韵文转向叙事描写的媒介和过渡。

二、神女与美女

刘勰《文心雕龙·诠赋》说："屈原联藻于日月，宋玉高彩于风云。"宋玉赋一项突出的内容，是他所塑造的神女形象，为前所未有。

《高唐赋》写道："昔者楚襄王与宋玉游于云梦之台，望高唐之观。"以"云梦"为名，似含梦见神女之意，缘事而称。楚有云梦泽，云梦之台应临近泽畔。巫山位于今之湖北、四川接壤地区，高唐之观当在巫山的山坡上。

接着写宋玉和楚王的对话，他把先王（楚怀王）梦见神女之事作一番介绍：

> 昔者先王尝游高唐，怠而昼寝，梦见一妇人曰："妾巫山之女也，为高唐之客（按：江苏南部地区称妻室为堂客）。闻君游高唐，愿荐枕席。"王因幸之。去而辞曰："妾在巫山之阳，高丘之阻，旦为朝云，暮为行雨。朝朝暮暮，阳台之下。"旦朝视之如言。故为立庙，号曰"朝云"。

"巫山云雨"就是这位神女变幻的形象。宋玉又对巫山地区的风景作了细致的描写，来衬托这个高唐之观和美丽的梦境。

《神女赋》是对《高唐赋》的补充，对神女作了细致的描写。先写神女仪态优美：

> 夫何神女之姣丽兮，含阴阳之渥饰。被华藻之可好兮，若翡翠之奋翼。其象无双，其美无极。毛嫱鄣袂，不足程序；西施掩面，比之无色。

其美无与伦比，连中国古代最有名的美女毛嫱、西施都相形见绌，并进一步具体描写她的眼睛、眉毛、嘴唇、体态、衣衫、步履、性格等各方面的美好。接着写到缱绻之情，这是宋玉最大胆、最突出的一笔，开《西厢记》和《红楼梦》的先河：

> 褰余帱而请御兮，愿尽心之惓惓。怀贞亮之絜清兮，卒与我兮相难。

御，就是性爱。请御，主动而又推拒，写女性的魅力和羞涩。

> 陈嘉辞而云对兮，吐芬芳其若兰。精交接以来往兮，心凯康以乐欢。

终于有密语的交流，肌肤之亲切。

神独亨而未结兮，魂茕茕以无端。

销魂荡魄，神游无限。

含然诺其不分兮，喟扬音而哀叹。

明言不分，而又喟叹，会合苦短，乐极遗憾。

頩薄怒以自持兮，曾不可乎犯干。

微嗔矜持，半羞半喜，心理描写，细致而生动，已经超越了《诗经》。

热恋之后，用佩饰的响声表示穿衣起身；用招呼“女师”表示准备离开；用拖延而不可亲近，要走而又却步，表示眷恋。

礼不遑讫，辞不及究。愿假须臾，神女称遽。徊肠伤气，颠倒失据。

临走忘了道别，心慌意乱。

暗然而暝，忽不知处。

光线转暗，神女消失，成为永久的眷恋。

这位神女说她是神，其实是人，是远古母系时代妇女的化身，她负有繁衍人类的神圣职责，楚国民间传说把她升格为神，跟远古的女娲形象并驾齐驱。前面提到，《高唐赋》描写她的形象是变化中的“巫山云雨”，云雨对于农业社会来说，是大自然的恩惠，是生命和生活的必需。没有雨水，难有收成。云雨后来演变为“性爱”的替代词，象征着人类孕育生命和繁衍后代的天职，夸耀楚氏族就是神女和帝王的后裔。对神女的赞美，即是对楚氏族的颂扬，也就是楚氏族对自我的意识，是一种自觉的表现。

母系氏族中的婚姻不是“嫁女”，而是“娶男”，那时女性的主动是正常的，《诗经》中多有此类描述的痕迹。比如《郑风·狡童》：“彼狡童兮，不与我言兮。维子之故，使我不能餐兮。彼狡童兮，不与我食兮。维子之故，使我不能息兮。”闻一多在《高唐神女传说之分析》中认为，食和餐都是“性”的隐语。南方另有一首《越人歌》则表现得更为明显：“今夕何夕兮，搴舟中流。今日何日兮，得与王子同舟。蒙羞被好兮，不訾诟耻。心几烦而不绝兮，得知王子。山有木兮木有枝（谐音“知”，树木有枝而无知），心悦君兮君不知。”

宋玉能够直接描写，说明他还保留着神话传说的纯真。刘勰在《文心雕龙·诠赋》中说：“宋发巧谈，实始淫丽。”他称这种写法为“淫丽”，也就是渲染艳丽。当然，宋玉生活在孔子之后，自然会受到儒家道德思想的影响，所以这些描写有时又呈现出矛盾的状态。“怀贞亮之洁清兮”“曾不可乎犯干”，这显然又符合了“乐而不淫”“发乎情，止乎礼义”的精神。

关于男女的欢会，在《讽赋》中也有生动的描写。宋玉为了澄清唐勒的诬告，不得不向楚王详述自己“爱主人女”的情况。他说：“臣尝出行，仆饥马疲，正值主人门开。主人翁出，妪又到市，独有主人女在。女欲置臣，堂上太高，堂下太卑，乃更（更换）于兰房之室，止臣其中。中有鸣琴焉，臣援而鼓之。”他是旅客，主人之女的殷勤接待，他欣然接受，这是正常的。“为臣炊雕胡之饭，烹露葵之羹，来劝臣食。以其翡翠之钗，挂臣冠缨，臣不忍仰视。”近距离接触，他便有所顾忌。“主人之女又为臣歌曰：内怵惕兮徂玉床，横自陈兮君之傍。君不御兮妾谁怨？日将至兮下黄泉。”主人之女，玉床横陈，他就坚决回避。一位“体貌闲丽”的诗人，面对横陈的美女，居然无动于衷，不管可信与否，但却感动了楚王，引起了楚王的反省。这篇赋用浪漫的描写来代替讽谏，可谓别出心裁。

这位主人之女的“横陈”，还有《登徒子好色赋》中的那位邻女“登墙窥臣三年”，其实也就是神女主动“请御”在人世的投影。宋玉把天上的神女请到人间，让人间的美女舒展她们天然的人性。神女、美女，都给读者留下了美好温馨的印象。

三、景物描写

宋玉写景，善于把景物联系起来，突出景物的动态变化，以增强生动的效果。

宋玉跟屈原的身份不同，屈原是贵族，被排挤，而宋玉是“贫士失职”，不受重视，感到生不逢辰，忧愁失望。他在《九辩》中写秋天的树木、高空气象、地下的水潦、动物的迁移，把自己的心情体现在景色上，使萧瑟的秋景与悲怆的心情融为一体，引起悲凉的感受。古人已用“秋心”合成了“愁”字，而宋玉把悲秋之情写入赋中，引起读者的共鸣，“宋玉悲秋”遂成了有名的文学典故。

宋玉还善于写无形的“风”。他把自然界的风分为两类：君王的雄风和百姓的雌风。这只是一个比喻，却把自然的属性转为社会的属性，于是就可以通过风的流动来描写社会贫富贵贱的生活情景。

“有风飒然而至。王乃披襟而当之，曰：快哉此风！寡人所与庶人共者邪？”作为文学侍臣，宋玉不能无言以对，只能借题发挥。他尽了责，还使得楚王意识到社会上存在着不幸和不公。

风是无形的，很难描写。只有把那些跟风有关的景物联系起来写，把刮风引起的结果写出来，才能显得鲜明生动。宋玉先写风的形成。风从地面水面刮起，沿溪谷上升，到达山顶，吹动松柏，发出巨响，摧残树木。这样就借助于地势、树木和声音，把无形而流动的风写活了。

又写到风进入宫廷。只有风能够这样忽上忽下，飞过高墙，进入深宫、庭院、玉堂、洞房，发散花香。其结果是“愈病析酲，发明耳目，宁体便人”。

最后写到风进入穷巷。飞土扬尘，气味难闻，其结果是“生病造热……死生不卒”。这也就把宫廷和穷巷作了对比，让楚王去想一想，并非处处都很“快哉”，无须明说了。

《高唐赋》则细致地描写了巫山景物。赋中描写了山水、鸟兽、水族，一幅物华天宝之象。巫山“高矣显矣，临望远矣！广矣普矣，万物祖矣！上属于天，下见于渊，珍怪奇伟，不可称论”。接着描写山势水声：

> 巫山赫其无畴兮，道互折而曾（层）累。登巉岩而下望兮，临大阺之稸（蓄）水。遇天雨之新霁兮，观百谷之俱集。濞汹汹其无声兮，溃淡淡而并入。滂洋洋而四施兮，蓊湛湛而弗止。

山水呈现出动态。山洪暴发，巨响震耳欲聋，以致听不到其他声音。深山藏虎豹，那些野兽猛禽生活在这广阔险峻的山势包围之中，被巨响震慑，竟然胆战心惊，恐惧躲避。水中的鱼鳖被水流激荡，出水登渚，漂上了浅滩。

接着又写树木、风声，字里行间又流露出悲秋之情。“俯视崝嵘（峥嵘），窐寥窈冥，不见其底，虚闻松声。”看不见松林，只听得一片松涛之声传来。由其声而想见其境，留给读者想象的空间。把山光水色和动物、植物联系起来描写，也就使得自然景色如同生动的画卷。

随后描写高唐观周围的景色，主要是芳草香花、鸟鸣雀噪，反而显得安静了。在总体的壮观、喧腾之中，反衬台观庭院的恬静，极宜让楚王与神女在此相会。

这是神女所在的巫山。这些景色描写，给后人留下深刻的印象。五代李珣《巫山一段云》写道：“古庙依青嶂，行宫枕碧流，水声山色锁妆楼，往事思悠悠。云雨朝还暮，烟花春复秋，啼猿何必近孤舟！行客自多愁。”云雨妆楼依旧，神女仍在巫山，楚王已经作古。这段传说牵动了行客的离情，寄托着作者李珣的乡愁。

毛泽东是湖南人，湖南是古代楚国的领地，他自然对这一地区的景色和传说很关注。他在《水调歌头·游泳》中写道：“才饮长沙水，又食武昌鱼。万里长江横渡，极目楚天舒。不管风吹浪打，胜似闲庭信步，今日得宽余。子在川上曰：逝者如斯夫！风樯动，龟蛇静，起宏图。一桥飞架南北，天堑变通途。更立西江石壁，截断巫山云雨，高峡出平湖。神女应无恙，当惊世界殊。”这是让巫山神女来观瞻长江大桥和水库。与《巫山一段云》相反，此词洗去怀念的忧伤，增添了亲切的色彩。神女依然与我们同在，把“巫山云雨”组成了一幅崭新的图画。

四、修辞与口才

宋玉赋中有些修辞方法常被后人引用和称道，由此可见其口才非同一般。

在《对楚王问》中，楚襄王问宋玉道："先生其有遗行与？何士民众庶不誉之甚也？"宋玉没有否认，但也没有承认。他不理会"不誉之甚"，而另说两个比喻。先谈"曲高和寡"，以《下里》《巴人》，《阳阿》《薤露》，《阳春》《白雪》，"引商刻羽"四个层次，来说明歌曲高超，能唱的人就不多，质量愈高，懂的人就愈少。再谈一个"鸟有凤而鱼有鲲"的比喻，把凤凰与鷃雀对比，把鲲鱼和鲵鱼对比，这样就把自己和民众拉开了距离。"不誉之甚"就得到合理的排解，一下子就把自己提升为"圣人瑰意琦行"，而"世俗之民"是无法理解自己的。楚襄王的指责无形之中化为乌有。宋玉把自己比作圣人，虽然有失谦虚，但他是出于"自卫"，所以读者仍然觉得他修辞巧妙、富于想象的才能和机敏的口才。

他在《登徒子好色赋》中，描写隔壁邻家有位少女美丽无比，用了多种修辞方法。美到什么程度？"天下之佳人，莫若楚国；楚国之丽者，莫若臣里；臣里之美者，莫若臣东家之子。"这种排除、比较的方法，逐渐缩小范围，突出邻家少女是美人之中最美丽的。"东家之子，增之一分则太长，减之一分则太短；著粉则太白，施朱则太赤。"这是临界的修辞方法，排除两端，取其中间。不太长不太短，不太白不太红，恰到好处，表达方式十分巧妙。"眉如翠羽，肌如白雪，腰如束素，齿如含贝"，这是明喻，继承了《诗经》的写法。"嫣然一笑，惑阳城，迷下蔡"，这是映衬的修辞方法，用效果来反衬。而阳城、下蔡是地名，又以地名借代居民。就这样一位美女，追了他三年，他还不肯答应。而登徒子跟他的丑妇生了五个子女。两相对比，互相衬托，让楚王来判断，结果不言而喻。

以上修辞涉及比喻（明喻、借喻）、对比、反问，排除、临界、映衬、借代等。

从学才并重到推崇融通：王昶与杨芳灿的文学互动*

刘　祥**

摘　要：清代诗人杨芳灿《芙蓉山馆师友尺牍》收录王昶来信七封，除第四封外，皆不见于《春融堂集》。该组书信写作时间历时十三年（1779～1792），书信内容不仅涉及二人生活日常，亦多言家国大事，具有较高历史价值和文献价值。梳理书信写作的历史背景及主要内容，不但有助于对王、杨交游的考察，亦对认识乾嘉时期学者间的文学往来有所助益。王昶"学、才、气、音"的诗歌理论对杨芳灿的诗歌创作产生了极大影响，王、杨分别从理论和创作方面开启了"学才并重""推崇融通"的新风尚，繁荣了乾嘉诗坛。

关键词：王昶；杨芳灿；交游；文学史意义

王昶（1725～1806），字德甫，号兰泉，江苏青浦（今属上海）人。工诗文，有《春融堂集》《金石萃编》等著作。王昶一生跨雍正、乾隆、嘉庆三朝，与之交游皆为当时名士。其《湖海诗传序》曰："北至兴桓，西南出滇蜀外，贤士大夫之能言者，揽环结佩，率以诗文相质证。"①王昶兼擅诸体文学，于乾嘉之际主盟文坛，辑有《湖海文传》《湖海诗传》《明词综》《国朝词综》等书，皆是对当时文学成就的总结，其意义堪比《河岳英灵集》之唐人选唐诗。

杨芳灿（1753～1815），字才叔，号蓉裳，江苏金匮（今无锡）人。清代文

---

* 本文系国家社科基金青年项目"汉赋纪事文献"传播与叙事结构研究（18CZW031）、中国博士后第60批面上资助项目"汉代辞赋与外戚政治"（2016M602792）阶段性成果。

** 作者简介：刘祥，西安交通大学人文学院讲师，主要从事汉魏六朝文学、中国赋学研究。

① 王昶辑：《湖海诗传》，上海古籍出版社2013年版，第1页。

学家，有《芙蓉山馆全集》等著作。蓉裳为袁枚弟子，议论多从师说，尤重性灵。王昶诗论秉承沈德潜“格调说”，对袁枚之“性灵说”多有批评，却对蓉裳赞誉有加，而蓉裳亦视王昶为师。杨芳灿《芙蓉山馆师友尺牍》所存七封王昶信札，对于解答这种矛盾问题提供了重要线索：王昶诗歌重视学问，关注现实，在蓉裳诗歌中得到完美体现。二人分别从理论、创作方面开启了乾嘉之际诗坛的新动向，并在袁枚去世以后成为诗坛主流。

一、沧海遗珠：王昶七札考述

《芙蓉山馆师友尺牍》专收杨蓉裳师友信札，成书时间在嘉庆六年(1801)之前。陈用光跋王昶信曰：“辛酉之夏，与蓉裳农部订交，乃得睹此册。”[①]顾廷龙《梁溪余氏负书草堂秘笈书目》著录此书为：“《芙蓉山馆尺牍》，杨芳灿。墨圈点手稿本，心禅公跋，四册，原缺一册。”[②]顾廷龙在余氏负书草堂所见《芙蓉山馆尺牍》为手稿本，“负书草堂”为蓉裳从外孙余一鳌之斋号，顾廷龙著录中的“心禅公”便是此人[③]。余一鳌存有杨氏大量手稿，后因劫火，付之一炬，《芙蓉山馆师友尺牍》亦包括于此。[④]

《芙蓉山馆师友尺牍》收录王昶书信七封，除第四封见于《春融堂集》卷六十七《公牍》外，其余六封皆不见他书，文献价值颇高[⑤]，是考证王、杨交游的重要史料。这组书信以时间顺序前后相次，写信时间从乾隆四十四年(1779)至乾隆五十七年(1792)，历时13年。蓉裳由26岁至40岁，一直蹉跎于甘肃，仕途不顺。王昶由55岁至69岁，先后仕于陕西、云南、江西等地。

王昶第一封信写于蓉裳得官之后、赴任之前，乾隆四十四年(1779)年初。文曰：

> 春明分袂，弹指半年，遥跂清辉，徒劳延伫。腊底获接手书，语长心重，足征念我情殷，尤可感佩也。寒士赴官，实为不易，未审资斧是否裕如？以春初起程计之，尚须于三四月间抵肃，公事有程，断不宜于过滞。……自吴而豫，由豫而陕，其间高山巨川，故宫废苑，皆足以发凭吊

① 杨芳灿辑：《芙蓉山馆师友尺牍》，《稀见清人别集百种》第17册，北京燕山出版社2007年版，第40页。

② 顾廷龙：《顾廷龙全集·文集卷》，上海辞书出版社2015年版，第184页。

③ 余一鳌(1838～1894)，字成之，号心禅，杨蓉裳从外孙。工词，有《楚楚词》《感春词》《忆鹃词》《柳枝词》等著作。

④ 参见王謇：《续补藏书纪事诗》，书目文献出版社1987年版，第16页。

⑤ 参见赵成杰：《王昶〈春融堂集〉佚文辑考补遗》，《古籍整理研究学刊》2018年第1期。

之情；倚马而吟，闻鸡而舞，新篇之富有，更何如耶？

王昶收信在乾隆四十三年(1778)腊月底，回信当在次年年初。"以春初起程计"与《杨蓉裳先生年谱》载乾隆四十四年(1779)正月启程赴甘肃相合。王昶信中对蓉裳颇为挂念，担心其经济状况，又对蓉裳多加鼓励、劝诫，同时希望他能于路上见到名山大川、宫苑古迹，不废吟咏。

第二封信写于乾隆四十八年(1783)，抵达西安之后。文曰：

违晤者数年于此，中间与荔裳常相见，略悉近况，然卒未能详也。仆以四月廿六日抵任，诸事烦促；且计赴京入觐情形，荔裳必先飞札寄知，是以未及申候。兹承专使远来，深为感佩！仆昨同中堂到西安，语及足下，具言往事，几蹈不测，赖中堂格外矜全；而足下工于词赋，实所素稔，本欲量移一处，但碍于八年开复之例。

谭光祜跋曰："乾隆四十八年癸卯，先生年六十岁，任陕西按察使。蓉裳公三十一岁，在伏羌任。"[①]王昶于乾隆四十八年(1783)"四月初四日，出都，取道山西。二十三日，抵西安"[②]。信中言及抵达西安是在"二十六日"，可正《年谱》之误。

信中所言"仆昨同中堂到西安，语及足下，具言往事，几蹈不测，赖中堂格外矜全"。"往事"指乾隆四十六年(1781)之"折捐冒赈案"。《杨蓉裳先生年谱》："道府以下伏法者不下百人，余以顽愚，仅从薄谴。余以折捐不及十名，奉旨革职，留任八年无过，方准开复。深感皇上天恩，祖宗福佑，而目击情形，心胆俱裂矣。"[③]他受冒赈案波及，官运、心理均受到巨大打击。次年又被控仓粮亏空，凑钱补齐才得免。蓉裳因此案革职，留任八年无过错才能改任他职，即王昶信中所言"八年开复之例"。

王昶在信中又说：

闻甘省自监赈两案发觉后，物力之艰难，地方之冷落，迥与前此不同，颇有不能终日之势。愚意晋之张轨，宋之元昊，皆窃据于此；以一隅而抗衡中国。其时用兵，既连岁不休，而官司之所给，报聘之所须，亦岂能取之他境？

以张轨、元昊政权为比照，纵论甘肃积贫之由。

---

① 杨芳灿辑：《芙蓉山馆师友尺牍》，《稀见清人别集百种》第17册，北京燕山出版社2007年版，第32、33页。谭光祜(1772～1831)，字子受，号铁箫，江西南丰人，谭尚忠之子。能诗文，精书法，善骑射，作《红楼梦曲》，与蓉裳同修《四川通志》。

② 王昶著、陈明洁等点校：《春融堂集》，上海文艺出版社2013年版，第1158页。

③ 杨芳灿著，杨绪容、靳建明点校：《杨芳灿集》，人民文学出版社2014年版，第645页。

第三封信写于乾隆四十九年(1784)春,元宵节后。文曰:

灯节前,接到手书,备纫存注……至缘边事简,簿书之暇,自可不废啸歌,别来数载,诗笔必增长于前;而西凉旧地,河山苍莽,尤可壮才气而发雄情,幸祈寄示一二否耶?仆近状虽属如常,而采薪屡作,精力就衰,正不知何以图报?称若再老病淹缠,则不得不为乞身之计,非敢自怀逸乐也。兹因翼便,肃候迩嘉,不尽延跂。蓉裳年兄,昶拜手。

蓉裳于此前来信中应向王昶表达过调任想法,所以王昶又提到"八年之期",且对蓉裳勉励倍加,索要近作。

第四封信作于乾隆四十九年(1784)四月二十二日王昶驻扎长武以后,信文见后。

信中说收到一册诗,呼应上一封信向蓉裳求诗。其他内容言及长武军政事务,尤为担忧羌乱。《述庵先生年谱》载乾隆四十九年:"(五月)十七日,贼一走秦州,掠官子镇,一走伏羌县。十九日围县城,知县杨君蓉裳悉力固守。……三君力战破之,伏羌围解。"又曰:"方事之殷也,尚与蓉裳遥相倡和。"[①]则此信互答在战时,与二人最为重要的一次唱和同期。

王昶第五封信写于乾隆五十三年(1788)三月至六月间。文曰:

京华一别,又及两年,昨得来笺,具知文从已回甘省,尚仍署理伏羌;但制府垂青,自可即还灵武也。惟以仆私心计之,年兄文墨素优,久为当途所重,而金城幕友,弇陋居多。且制宪雅意爱才,尤为仆之深知者。此时虽有瑞屏上舍,敬之观察;而年兄才藻斐然,正可暂住省城,并效毛锥之助。似不应制锦鸣琴,遽思一割;鄙见如此,未识高明以为何如耶?仆蒙圣恩垂念,酌调豫章,计于七八月间,方能抵任。但衰病侵寻,而西省更系钱粮重地,恐亦未能行歌坐啸,稍憩劳薪耳。令弟谅已入都,是以未及奉答;但渠有云楣先生为之奖借,何以寂寞如此,殆不可解。仆当寄书京洛,广以吹嘘,庶几脱颖而出耳。率泐数行,藉问近好,余怀缕缕,不宣。蓉裳年兄,仆昶拜手。

"昨得来笺"即蓉裳《禀云南蕃司王兰泉先生》:

去冬京邸,叩送台驺,倏又星琯一周。关河万里,疏隔自怜,恋慕恩知,萦回五内。……某去岁在京,负累滋多,匆匆即行就道,途中窘迫,难以言罄。……蒙节相逾格垂怜,即行题补灵州,并令暂回本任。旋奉部覆,知邀特旨恩准,令赴新任视事。遽膺繁剧,恐蹈愆尤。惟有刻凛冰兢,上酬褒诱,中宵晷度,占台宿之常辉,小草根荄,望慈云之远荫,下

① 王昶著、陈明洁等点校:《春融堂集》,第1161、1162页。

忱依恋，百倍恒情。[1]

蓉裳信中对王昶恋慕依依，备述别来境况。蓉裳于乾隆五十二年(1787)四月抵达甘肃，题补灵州，暂回伏羌本任，至十月得部覆，蓉裳信即作于赴灵州之前，十月、十一月之间。王昶对蓉裳来信内容多有回应，称赞蓉裳精于文章，又说金城(甘肃)幕府缺少有才之士，甘肃巡抚又爱才，勉励蓉裳可入省城效力。

谭光祜跋王昶信："乾隆五十三年戊申，先生六十五岁，蓉裳公年三十六岁，在灵州任，荔裳公年二十九岁，在陕甘总督勒公幕。"[2]乾隆五十三年，王昶在云南布政使任。信中说："仆蒙圣恩垂念，酌调豫章。"据《述庵先生年谱》，王昶于乾隆五十三年三月得授江西布政使，同年六月出发，九月才抵任，可证明此信作于五十三年三月至六月间。

王昶信中提及京都会面之事，据《杨蓉裳先生年谱》，蓉裳于乾隆五十一年十月至京，"十一月引见，奉旨仍回甘肃，以知州题补"[3]。小除夕(腊月)出都。所谓"京华一别"，在京城见面就在五十一年年底。观《述庵先生年谱》，此年王昶也入京城，十月启程，十一月一十七日入见乾隆，二十五日便出京。则王、杨二人见面具体时间为是年十月下旬至十一月。又言及杨揆入都之事，信中所言为意想之词，杨揆实尚未入都。云楣先生指彭元瑞[4]，杨蓉裳有《上彭云楣师启》《再上彭云楣师启》等。

第六封信作于乾隆五十七年(1792)春。文曰：

> 令弟来都，辱惠手书，不啻握麈而谈，翦灯而语；数年菀结，藉以破除。窃念足下，作穷塞主已久，山水友朋之乐，谅不可得；又复手版息息，往来宾饯，何以胜此？少陵云"男儿功名遂，每在老大时"，惟此遥祝耳。荔裳一孱书生，逾绝徼，所经万古不毛，深虞玉树琼枝，不宜于此。……明年七十矣，耳聋腿痛，筋力日衰，顾引身而退，时势尚有未可者。近以往作诗文，丛残放佚，终恐覆瓿，现在重加编次；而如《金石萃编》，《揭橥日录》，及《湖海文传》《诗传》，亦将以次断手。但不得与足下

---

① 刘继增辑、杨芳灿著：《芙蓉山馆尺牍》，《无锡文库》第四辑，凤凰出版社2011年版，第493页。

② 杨芳灿辑：《芙蓉山馆师友尺牍》，《稀见清人别集百种》第17册，第37页。

③ 杨芳灿著，杨绪容、靳建明点校：《杨芳灿集》，第651页。

④ 彭元瑞(1731～1803)，字掌仍，一字辑五，号芸楣(一作"云楣")，江西南昌人。乾隆二十二年进士，改庶吉士，授编修，官至工部尚书、协办大学士。卒于官，赠太子太保，谥文勤。曾为《四库全书》副总裁，与蒋士铨合称"江右两名士"。彭元瑞对杨蓉裳兄弟十分赏识，嫁兄女于荔裳。

参之，殊多未慊耳。

谭光祜跋曰："乾隆五十七年壬子，先生年六十九。是秋，充顺天府副主考。蓉裳公在灵州任，荔裳公从君卫藏。"[①]此年蓉裳二弟杨揆[②]从军入川，所谓"令弟入都"指蓉裳三弟萝裳。据《杨蓉裳先生年谱》载乾隆五十七年三月，萝裳入都应京兆试，并为荔裳照料家事。

第七封信作于乾隆五十七年(1792)秋。文曰：

> 题糕令节，获接手书，循诵数番，快如良觌。迩者午桥书来，藉稔贤友调办武闱，贤劳丕著，金城西望，额手奚胜？……施太仆所钞郿制，岁底当即刻成，别从令弟处邮寄也。专此覆候春祺，临颖不胜神溯，名正具。

"题糕节"指重阳节，据《杨蓉裳先生年谱》，乾隆五十七年八月杨揆以军功"升授内阁侍读，赏戴花翎"[③]，王昶信中"宠锡花翎，特邀晋秩"便指此事。信中又说"仆秋谳未完，承恩典试"，考之《述庵先生年谱》，乾隆五十七年八月顺天府乡试，刘墉担任主考官，王昶担任副主考官。因此，此信作于乾隆五十七年秋。

陈用光在王昶七信后跋曰：

> 辛酉之夏与蓉裳农部订交，乃得睹此册，虽不过寻常问候之言，而吐辞之雅训，论事之明至，有可以想见前辈风流者。……今读是册，辄述其意而跋之于纸端如此。抱经先生专以考据名，先生则兼以诗文著。予虽素闻姚姬传先生学问有三途之说，而识浅学疏，于两先生之业，乃茫茫乎未有以测其涯涘，则又执笔而焉以自愧也。时嘉庆七年(1802)季夏望前三日，江西新城陈用光石士题于太乙舟。[④]

陈跋极言对王昶的渴慕，对其考据、文章推崇备至。今观王昶七信，或言寻常家事，或论个人出处，或谈国家大事，皆条理明畅，语气温存，情谊真挚，无一不见长辈对后辈的关怀。王昶时刻关注蓉裳仕途荣辱，为蓉裳升迁费心尽力；军旅之中，又对蓉裳百般鼓励；文辞往来，多有欣赏奖掖之语。朱太忙《名儒尺牍序》云："吾侪独喜大儒尺牍，谓其上下古今，纵论国计民生，

① 杨芳灿辑：《芙蓉山馆师友尺牍》，《稀见清人别集百种》第17册，第39页。

② 杨揆(1760～1804)，杨芳灿二弟。字同叔，号荔裳，又号石圃。乾隆四十五年(1780)召试一等，赐举人，授内阁中书，入《四库全书》馆任编校。五十五年(1790)，充文渊阁检阅。历官川北道按察使、甘肃布政使等，卒赠大常寺卿。杨揆与王昶亦交好，王昶与蓉裳书信中常常提及。

③ 杨芳灿著，杨绪容、靳建明点校：《杨芳灿集》，第654页。

④ 杨芳灿辑：《芙蓉山馆师友尺牍》，《稀见清人别集百种》第17册，第40～42页。

沟通学术政制,经济文章,靡不高人一等。至其周旋故旧,契阔友生,情愫婉挚,意味深长,又非寻常尺牍一览而尽者可比。”[①]由是可见,清人书信不仅论述身世遭遇、仕途谪迁,家国兴衰、春秋荣辱亦为其所挂念。

二、他山之石:《与杨蓉裳》异文辨析

王昶致杨蓉裳第四封信又见于《春融堂集》卷六十七《公牍二》,题为“与杨蓉裳”。对比二文,异文甚多,对研读书信原貌以及王、杨交游皆具价值。今以《芙蓉山馆师友尺牍》为底本[②],校以《春融堂集》(清嘉庆十二年塾南舍刻本),全文如下:

昨者从省中寄至手缄,并示近诗一册,感念注存,实为慰藉。惟自来驻鹑觚,军书络绎,且有本任刑名事件,应须批答,是以未暇奉覆。兹者瑶华几惠,具知伏羌密迩贼巢,颇有风声鹤唳。看来此次贼回,迥非四十六年之比。往时负隅作林山顶,可以聚族而歼;今忽合忽分,行踪靡定,鬼域异常。孙参将、明副都统均已阵亡,通渭城亦破;而顷接平凉来信,谓贼有四五千,官军均在寻蔴湾,未有进攻之说,殊为不解。此时所调两省官兵,计当盈万,统领大臣,已有十余,复何所待?若因总统无人,筑室道旁,再作迁延之局;正恐贼回逾纠逾众,燎原滋蔓,不审何以处之?贼势自北而南,非西走洮岷,即东窥凤、陇,而伏羌正当其间,极为可虑。现在兴汉三镇,领兵不及千名,前赴秦州会剿,尚恐兵力稍单,未必克期制胜。今闻回民安静,守备有资,内间不作,或可无忧豕突也。仆初到此间,空拳赤手,守御所需,十无一二。今已酌借兵二百名,并办刀矛炮子油烛等项,万一有警,差可恃以无恐。吾辈好读史书,于古之战守事宜,略知梗概;而仆从戎九载,调兵督战,更事良多,似较韩鞲诸人,稍有把握。而吾贤性素慷慨,登陴授甲,尤必能为书生吐气,仆亦可闻而自壮耳。自伏羌而至陇州,自陇州而至长武,计程不过六百余里;且已探明捷径,别设台站,不俟两日,文报即可达也。惟频数寄书,以慰远念。贵同宗在署否?前阅所寄诗,已得小长芦门径,似此诗人,苏松

---

① 朱太忙辑:《名儒尺牍》(上),大连图书供应社 1935 年版,第 1 页。

② 是书现存最早版本为光绪十三年(1887)赐书堂活字印本,十行二十五字,黑口,左右双边,余一鳌刻。书名为孙其业所题,附有《家书》一卷。卷首为蓉裳自序、《周为汉奉答书》,卷末有余一鳌跋。

间不可多得，幸为致想慕之私。正尔宣劳，诸维自爱，不宣，友生昶拜手。[①]

通过对比，发现两书存在异文四十余处（略）。观两本差异，《芙蓉山馆师友尺牍》本（简称"尺牍本"），文字较为原始；《春融堂集》本（简称"文集本"）则有明显改动痕迹。"文集本"的改动大体有以下几种情况：

其一，删冗辞。如"文集本"第二句删去"示"字，将"手缄"与"近诗一册"直接并列。又如删去"瑶华几惠"数字，此四字在"尺牍本"中为恭维套语，"文集本"将之删除，完全不影响文意。再如"仆亦可闻而自壮耳"，"文集本"减省为"念之殊堪自壮耳"，不仅减去冗辞，也使文句更加雅练。

其二，通文意。"文集本"通过改字、增字，改变文意晦涩或不明处。如"贵同宗在署否"，"尺牍本"只言同宗，后人读之，茫然不知为谁；"文集本"便直接改为"篑山闻在署中"，"篑山"乃杨之灏，《湖海诗传》："杨之灏，字篑山，娄县人，诸生。"[②]又如"文集本"将"作林山"更正为"化林山"，"化林山"即后世所云"华林山"，"化林山"实误。

其三，改"回"字。"尺牍本"共出现三次"回"字，皆带有民族歧视色彩。"文集本"将第一处"贼回"改成"贼人"，第二处"正恐贼回"改成"此时"，第三处"今闻回民安静"成为"幸闻体察多方，防闲甚密"。三处同时更改，绝非偶然。王昶写信与蓉裳时，正值回民起事，故而书信中多有"贼回"等字眼出现。等到编定《春融堂集》时，不知出于何种考虑，将此次起义的民族色彩去掉，改成普通民变。

杨蓉裳将王昶列为第二位恩师，保存此信，纂辑成书，不会将书信作大幅删改，更为接近原貌。反观王昶《春融堂集》，严荣《〈述庵先生年谱〉序》："及在敷文，目渐眚，乃亟请同志者考定编纂，而《春融堂集》亦以次编成。"[③]严荣《年谱》"嘉庆七年（1802）"条又记载："目疾愈甚，以生平所撰《金石萃编》、诗文两集及《湖海诗传》《续词综》《天下书院志》诸书卷帙浩繁，尚待编排、校勘，不能审视，因延请朱映漘秀才文藻、彭甘亭上舍兆荪及门人陈烈承秀才兴宗、钱同人秀才侗、陶凫香秀才梁各分任之，校其舛误及去取之未当者，刻日排纂。"[④]王昶《春融堂集》之成书，显然经过朱文藻、彭兆荪、陈兴宗、

---

① 杨芳灿辑：《芙蓉山馆师友尺牍》，《稀见清人别集百种》第 17 册，第 34～36 页。

② 王昶辑：《湖海诗传》，上海古籍出版社 2013 年版，第 1325 页。

③ 严荣：《〈述庵先生年谱〉序》，《春融堂集》，第 1135 页。

④ 王昶著、陈明洁等点校：《春融堂集》，第 1176 页。

钱侗、陶凫等人的“校勘”,是个不断修订的过程。[①]

王昶与蓉裳书信中出现的大量佚文,反映出清人自编文集的两个特点:其一,材料散佚与作者取舍在很大程度上决定了传世文章的数量。余一鳌《芙蓉山馆师友尺牍跋》:“嗟乎!存毁有数,即一楮之成败,亦有幸与不幸焉。夫梁栋之材,必有受斤之柿;文绣之章,必有当剪之缕。宇宙间事,何独不然?”[②]其二,在文集编辑过程中,作者精益求精的态度、现实需要等都会带来各种改动,主观上是为提升诗文的文学成就,客观上却改变了文学的初始形态。

三、平生师友:王昶、杨芳灿交游述论

王昶与杨芳灿第一次会面在乾隆四十三年(1778),王昶时在大理寺卿任上,见到以贡生身份入京选拔的杨蓉裳。蓉裳自述这次见面情状:“三月朔抵京。大廷尉王述庵先生在蜀中见余诗文,激赏之,至是相见欢甚,留住寓斋数日。适江西杨桐舫懋衎进士充《四库》馆总校,延余校勘书籍,遂移寓扬州会馆,与黄仲则、汪端光、施雪帆晋、俞少云鹏翀同寓,张萼楼、述庵先生[宅]。赵渭川希熿、韦友山佩金亦时相过从,诗词唱和,或隶事属对,剪灯煮茗,每至夜分不倦也。”[③]王昶居蜀在乾隆三十六年(1771)至四十一年(1776)之间,早在此时王昶已阅蓉裳诗文,赞赏有加。王昶留蓉裳在家数日,严荣《述庵先生年谱》亦记此事,所列交游诸人中还有杨揆,王昶亦与其有书信往来。

次年(1779)五月,蓉裳参加廷试,中第一等第三名,奉旨以知县用,当时蓉裳同乡都以为应乞改教职,王昶则认为:“择官而仕,古人所非,且命中应

---

① 参见赵成杰:《〈金石萃编〉与清代金石学》,中国社会科学出版社 2019 年版,第 79 页。

② 杨芳灿辑:《芙蓉山馆师友尺牍》,《稀见清人别集百种》第 17 册,第 110 页。

③ 杨芳灿著,杨绪容、靳建明点校:《杨芳灿集》附《杨蓉裳先生年谱》,人民文学出版社 2014 年版,第 643 页。按,陈明洁等将“与黄仲则、汪端光、施雪帆(晋)、俞少云(鹏翀)同寓,张萼楼、述庵先生[宅]”断为“与黄仲则、汪端光、施雪帆(晋)、俞少云(鹏翀)同寓张萼楼述庵先生宅”。使“张萼楼”与“述庵先生宅”成为诸人同寓地点,与上文所言寓居扬州会馆相矛盾。今点校依许隽超《汪端光年表》所引。“张萼楼”实为清代文人张彤,他曾与孙星衍、洪亮吉、汪端光等人交游。“宅”字为衍文。此句意为蓉裳与黄、汪诸人同寓扬州会馆,而张彤与王昶经常往来唱和。

作县令，即中进士入翰林，亦不能免也。"[①]蓉裳命运因此一言而定，掣签分职甘肃，开始长达二十余年的西北生活。他对做知县并不满意，正如彭文勤予蓉裳书所言："但以燕许大笔句稽朱墨，不能无怅怏耳。"[②]以文士而从事吏职，案牍劳顿，蓉裳难免心中郁郁。此时蓉裳将其文集交予王昶审阅，王昶为之作《吟翠楼稿序》。

蓉裳于四十四年(1779)正月启程去甘肃，王昶第一封信便作于上一年年底。四月，抵兰州。七月，署西和县事。乾隆四十五年(1780)九月题补巩昌府伏羌知县。四十六年(1781)在伏羌，遇甘肃冒赈一案，受到牵连，得到阿桂等人救助，仅得免。四十八年(1783)，王昶授陕西按察使，四月抵西安，不久作与蓉裳的第二封信。

四十九年(1784)，石峰堡回民起事，四月，王昶守长武；五月，伏羌被围，蓉裳坚守伏羌。长武、伏羌相距不远，王昶第四封信作于此时。二人时有书信往来、诗歌应答，《述庵先生年谱》："方事之殷，尚与蓉裳遥相倡和。"[③]张维屏《国朝诗人征略》说："始以里选上计，出宰伏羌，值回氛肆逼，指挥杀敌，一军皆惊。王述庵廉使统师长武，嘉其伟节，赋诗二律，飞达围城。州牧即有和章，并自著《伏羌纪事诗》一卷，又何整暇！"[④]王昶诗为《寄蓉裳伏羌，时有被围之信》：

> 军烽动地羽书驰，斗大孤城只手支。仗剑登埤词慷慨，烧灯磨盾墨淋漓(时以八百里文书告急)。传餐尽斥中人产，卷甲谁搴大将旗？搔首不堪频望远，天狼芒角射南垂。
>
> 白崖山势斗崔巍，杀气昏昏掩翠微。共有风声传两路，(时长武亦有贼从平凉趋西安之信。)独看月晕忆重围。耿恭拜井心犹壮，羊侃凭城事恐非。何日鲸鲵俱就戮，蓉湖无恙问渔矶。[⑤]

姚椿《墓表》亦载此事："方围城时，公谈笑镇定，从容赋百韵诗，寄按察使王公。王公报曰：'吾料君必能办贼，今果然矣。'"[⑥]王昶回信赞赏之意溢

---

① 杨芳灿著，杨绪容、靳建明点校：《杨芳灿集》，第 643 页。

② 杨芳灿著，杨绪容、靳建明点校：《杨芳灿集》，第 644 页。

③ 王昶著、陈明洁等点校：《春融堂集》，第 1162 页。

④ 张维屏：《国朝诗人征略》卷四十《杨芳灿》，清光绪七年刻本。晚清学者对此事记载颇多，如李元度《国朝先正事略》："守伏羌时，王兰泉廉使统师长武，嘉其伟节，赋诗飞达围城，君立和之，并上《伏羌纪事》百韵。其整暇如此。"(岳麓书社 2008 年版，第 1244、1245 页)均对王、杨二公在战火中好整以暇、诗歌互答推崇有加。

⑤ 王昶著、陈明洁等点校：《春融堂集》，第 354 页。

⑥ 杨芳灿：《芙蓉山馆全集》卷首，清光绪十七年活字印本。

于言表。按,此语未曾于书信见到,王昶于信中说:“而吾贤素慷慨,登陴授甲,尤必能为书生吐气,仆亦可闻而自壮耳。”文字出入,或为姚椿断章取义。

蓉裳所作诗现存有《寄呈述庵先生》《伏羌纪事诗一百韵》,皆是长诗,后者长达一百韵。《寄呈述庵先生》曰:“忆昔游京辇,青袍拜月题。……师恩逾郑重,吾道在提撕。客路关河迥,劳人面目黧。风尘从漫浪,朱墨学勾稽。”①诗歌回忆二人京城交游,叙写伏羌生活,坚定守城决心,最后表达对老师的思念。《伏羌纪事诗》专写平定回民起事,王昶为之作《伏羌纪事诗序》。《年谱》中说乾隆四十九年“余作《伏羌纪事诗》,王述庵师序之”②。王、杨此次诗歌往还被清代后期许多著作提及,名扬一时。

乾隆五十一年(1786),蓉裳因为任中亏空,曾向时任陕西按察使的王昶借贷。返京途中欲访王昶,结果“至西安,述庵师因河南尹阳民变,赴陕州防堵”③(《杨蓉裳先生年谱》)。可见蓉裳对王昶的信任。是年冬,二人相遇于京城,此后常有书信往来。

乾隆五十五年(1790),王昶随扈南游之时,蓉裳作《禀云南蕃司王兰泉先生》:

> 叩别慈颜,四更岁琯,寸心纬繣,依恋殷殷。日前接阅邸报,敬闻老夫子大人,使车南指,驺从多劳,下怀益深系念。迩惟金符覆命,玉佩趋朝,屡邀温语之褒嘉,共仰宏猷之炳焕。长杨校猎,每扈宸游。甫开草樽,频占天宴。封事一函,识西台望重;奎章三赐,知北关恩深。翘首龙门,曷胜藻下。④

信中十分系念王昶,对王昶深蒙圣恩与有荣焉。《杨蓉裳先生年谱》嘉庆八年(1803):“王述庵师刻《湖海诗传》成,邮寄来都。”⑤王昶编《湖海诗传》卷三十五收录蓉裳诗三十余首,前有小传曰:“杨芳灿,字蓉裳。金匮人,贡生,今官户部员外郎,有《吟翠轩初稿》。”又有《蒲褐山房诗话》一则。此外,王昶《琴画楼此钞》收录二十五家词,其中就包括杨蓉裳词。

---

① 王昶辑:《湖海诗传》,上海古籍出版社 2013 年版,第 429 页。

② 杨芳灿著,杨绪容、靳建明点校:《杨芳灿集》,第 649 页。

③ 杨芳灿著,杨绪容、靳建明点校:《杨芳灿集》,第 651 页。

④ 刘继增辑、杨芳灿著:《芙蓉山馆尺牍》,《无锡文库》第四辑影印清抄本,凤凰出版社 2011 年版,第 501 页。

⑤ 杨芳灿著,杨绪容、靳建明点校:《杨芳灿集》,第 660 页。

四、别开一格：王、杨交游的文学史意义

王昶师承“格调派”代表沈德潜，曾与“肌理派”诗人翁方纲、“性灵派”诗人赵翼比邻而居[①]，又与袁枚等人多有往来，对乾嘉诗坛各诗歌流派的理论得失了然于胸。他综合各家所长提出兼容并包的诗歌理论，以学、才、气、音四元素论诗。杨芳灿诗虽师承袁枚，论诗也多崇性灵，却在创作上与王昶理论有所契合，所以受到王昶的极力推崇。二人分别从理论和创作上开辟了乾嘉诗坛新气象，其中的典范作品即是《伏羌纪事诗》。

蓉裳十九岁拜入袁枚门下，诗文创作深受乃师影响。袁枚论诗首重性灵，他说“诗文之道，全关天分，聪颖之人，一指便悟”[②]。因此，当他初读蓉裳诗时说“所谓生有自来者也”。袁枚反对字规句模，强调自出机杼。蓉裳《年谱》自叙：“余幼时作诗，喜学三谢及青莲，未免句摹字仿。师谓曰：‘昔王朗欲学华子鱼，惟其似之太过，所以去之愈远。吾辈读书时要与古人合，落笔时要与古人离也。’余于是始悟作诗法。”[③]蓉裳在袁枚启发下，悟得学前人诗，不能太过求似，要学其精神。蓉裳论诗也多持师说，其《张春溪诗序》曰：“夫涉乐必笑，言哀已叹，杼柚本于性情也；弹征苦发，叩宫甘生，感触由于境遇也。境之真者语必工，情之至者传自远。……嗣后词人才子……皆濬发灵府，宰制清衷，非雕画夫奇辞，恃汎剽于单慧。”[④]他认为优秀诗歌皆源自真性情，一切皆有“清衷”而发，而非有意雕琢所能成。

王昶论诗与袁枚、蓉裳不同。吴泰来《春融唐集序》引王昶语：“吾之言诗也，曰学，曰才，曰气，曰声。学以经史为主，才以运之，气以行之，声以宣之。四者兼，而弇陋生涩者庶不敢妄厕于坛坫乎。”学、才、气、声四者兼备，又以学、才为根底。他所批评者一是“弇陋”，过分强调性灵而忽略学问者有此弊；二是“生涩”，过分强调学问而忽略音律者有此弊。他在《秋暮偶作，并示书院诸生》中谈到：“先贵学问博，次尚才气优。终焉协音律，谐畅和琳瑠。”[⑤]四者具备，方能作好诗，议论堂庑特大。

---

① 严荣《述庵先生年谱》(1760)：“先生署其室曰蒲褐山房，曰闻思精舍，境地深静，市尘隔绝，先后与赵云松编修翼、翁振三编修方纲，及族子蓬心为邻。”(参见王昶著、陈明洁等点校：《春融堂集》，第 1144 页)

② 袁枚：《随园诗话》，人民文学出版社 1982 年版，第 488 页。

③ 杨芳灿著，杨绪容、靳建明点校：《杨芳灿集》，第 639 页。

④ 杨芳灿著，杨绪容、靳建明点校：《杨芳灿集》，第 476 页。

⑤ 王昶著、陈明洁等点校：《春融堂集》，第 449 页。

王昶《吟翠楼稿序》曰："杨子蓉裳于学无所不识，于才无不能，落笔为诗歌，时而悲啸愤慨，时而磊落华赡。山林、台阁之体杂然出之，所为因物赋形，不可以一端求也。"他赞美蓉裳首先是其学识渊博，其次方是富有才情。而所谓"因物赋形"，又与性灵说"凡诗之传者，都是性灵，不关堆垛"的观点不同，转而强调铺陈传统。又云："出《吟翠楼初稿》示余，余读之，若玄虚赋海、景纯赋江，所谓云精水碧，焆曜颖彩者。盖学博而才富，故无所不宜如此。"[①]木玄虚《海赋》、郭璞《江赋》皆是博物堆垛典型篇章，王昶将之比作蓉裳诗作。"学博才富""无所不宜"是王昶诗学理想的最高标准，用之来形容随园弟子大有深意。既然蓉裳学诗于袁枚、论诗同于袁枚而不同于王昶，为何王昶对蓉裳却赞誉有加，终身揄扬呢？其中关键在于蓉裳诗歌创作实践。

蓉裳诗风格多样、取法广泛。风格上，王昶《吟翠楼稿序》借用宋琬台阁之体、山林之体两种完全不同风格的划分[②]，来凸显蓉裳创作风格多样，不受拘束，所谓"时而悲啸愤慨，时而磊落华赡"。取法上，蓉裳自言少时诗歌取法三谢、李白，尤喜李商隐，而王昶《蒲褐山房诗话》则说蓉裳"诗则取法于工部、玉溪间"。从李白、李商隐，到学杜甫，蓉裳诗歌由追求个人情感表达，逐渐转向对社会现实的关怀。甘肃任职二十余年，尤其西北羌乱以及与格调派王昶、吴镇等人交游，逐渐使蓉裳诗歌观念发生转变。《伏羌纪事诗》便是他最有代表性的一篇反映现实之作，得到袁枚、王昶的一致赞扬。

袁枚评价说："接手缄并《伏羌纪事诗》《当亭烈士赞》，老夫读之，喜而不寐。昔邓逊斋师尝云：'吾门下有一文一武。武为阿广庭中堂，文即某也。所谓文武尚系二人。今蓉裳以一身兼之，猗欤盛哉！'"[③]袁枚高度赞扬此诗，其中关注重点在于蓉裳文武兼备，立有军功，又能以诗歌表现。王昶《伏羌纪事诗序》也与袁枚着眼点相似，通过铺叙蓉裳伏羌平乱之功，而彰显此诗历史价值。不过，王昶的评论显然并未停留在这个层面，他在序文最后说："至辞句之工，才力之富，皆古人所未有，为诗家别开一格云。"[④]"别开一格"可以理解为创造了一种新写法，开拓了某种新题材。可参读王昶与蓉裳第六封信中所说："承示诗册，情深而文明，思深而力锐；较前所见，更进一格，

① 王昶著、陈明洁等点校：《春融堂集》，第708页。

② 参见汪琬：《张青琱诗集序》，罗聊添编辑、国立编译馆主编《清代文学批评资料汇编》，台北成文出版社1978年版，第222页。

③ 《杨蓉裳先生年谱》，杨芳灿著，杨绪容、靳建明点校《杨芳灿集》，人民文学出版社2014年版，第652页。

④ 王昶著、陈明洁等点校：《春融堂集》，第723页。

顾安得全帙而阅之耶?”“情深文明”“思深力锐”既呼应王昶论诗四要素，又肯定蓉裳诗歌创作步入新境界。《伏羌纪事诗一百韵》曰：

圣泽敷殊俗，天声震八纮。花门何丑类，草窃敢纵横。衅为寻仇启，妖由构煽成。鼠牙工发覆，蜗角怒相倾。……虢唇虞是齿，邾柝鲁闻声。中夜荒鸡嗷，高岩石鼓铿。重围占月晕，芒角动星精。县尉标完节，将军著烈名。沙虫师有劫，风鹤信频惊。陆地机才发，萧墙祸早萌。朝三狙暮四，昼伏鼠宵行。

此诗名为“纪事”，具有两大特色：一是运用大量典故；二是记录时事，可与王昶与蓉裳第四信及王昶《伏羌纪事诗序》对读。如：“虢唇虞是齿，邾柝鲁闻声。中夜荒鸡嗷，高岩石鼓铿。”前两句出自《左转·僖公五年》“唇亡齿寒”与《左传·哀公七年》“鲁击柝闻于邾”；后两句乃是时事，蓉裳自注：“先是，伏羌鸡未夜半辄鸣。占云：有兵。又境内梧中聚山有石鼓，相传鸣则兵起。”①蓉裳此诗学习杜甫《北征》等诗，反映现实，纤毫不遗；化用经典，不着痕迹，具有典型代表性。陆元鋐《青芙蓉阁诗话》曰：“余观先生(王昶)之诗：早岁吟咏一以三唐为法，然尚不出渔洋流派。至其丁年出塞，亲历行间、叙次战功之作，直使临阵诸军踊跃纸上。使渔洋执笔为之，亦当退避三舍也。”②王昶早年诗歌取法三唐，中年经历行伍有所变化，这种风格正与蓉裳《伏羌纪事诗》同。蓉裳与王昶创作上相互靠近，在乾、嘉之际诗坛“别开一格”。孙原湘论乾嘉诗坛变迁曰：

吴中诗教五十年来凡三变。乾隆三十年以前，归愚宗伯主盟坛坫，其时专尚格律，取清丽温雅，近大历十子者为多；自小仓山房出，而专主性灵，以能道俗情，善言理为胜，而风格一变矣；至兰泉司寇，以冠冕堂皇之作倡率后进而风格又一变矣。近则或宗袁，或宗王，或且以奇字僻典拦入风雅，而性灵、格律又变而为考古博识之学矣。③

吴地诗坛是全国诗坛缩影，五十年间三大变化都与王昶有密切关联。沈德潜乾隆三十四年(1769)去世，在此之前他主盟乾隆诗坛，崇尚格律，提倡格调说，王昶身为“吴中七子”之一，受沈氏影响很大；沈氏去世之后，袁枚继起倡导性灵说；袁枚之后，王昶又提倡正统雅音。此论有两点需要注意：

---

① 王昶辑：《湖海诗传》，上海古籍出版社 2013 年版，第 429～430 页。

② 陆元鋐著、汪洋整理：《青芙蓉阁诗话》(上)，胡晓明主编《中国文论的思想与智慧：古代文学理论研究》第四十辑，华东师范大学出版社 2015 年版，第 593 页。

③ 孙原湘：《籁鸣诗草序》，《续修四库全书》第 1488 册，上海古籍出版社 1996 年版，第 326 页。

其一，王昶在袁枚之后“以冠冕堂皇之作倡率后进”，在继承沈德潜格调诗说外，同时具备时代新特点①。其二，孙原湘论诗歌分期，是就诗歌潮流而言，而非单个作家的诗学思想。王昶在袁枚性灵说昌盛之时，《吟翠楼稿序》即以博学论蓉裳诗，《伏羌纪事诗序》又推崇蓉裳“辞句”“才力”，提出蓉裳诗“别开一格”的理论，对于诗歌新体十分关注。

后来王昶形成完整诗歌理论，以学、才、气、音四者论学，学指经史，正与翁方纲“肌理说”相呼应；“才”指作家个性，有对袁枚“性灵说”的借鉴；而“音”指格律，才是对沈德潜“格调说”的继承。因此，王昶诗歌理论并非是对沈德潜诗论的简单复兴，而是吸收乾嘉诗坛各派诗论提出的新理论，这种理论在蓉裳诗歌创作中有所体现。嘉庆初年，王昶主盟诗坛于江南，而蓉裳成为京师诗坛领袖，《蒲褐山房诗话》：“蓉裳惊才绝艳……闻京师盘敦之盟，必以君为赤帜。”②二人共同带来了诗坛新气象。嘉庆、道光诗坛延续此路，与学术上汉、宋兼宗相应和，不同诗歌流派相互借鉴，关注现实，形成了融通的诗学观念。③

结　语

王昶对蓉裳既有政治提携，又有文字往来，由政治而文学，书信往来频繁，《芙蓉山馆师友尺牍》所载七札便是王、杨交游的重要例证。他们之间的交游，真实地反映了乾嘉文人交流常态。在文化高压的清中叶，文人之间形成了政治、文化共同体。这种共同体的形成，基于文化认同与才华欣赏：政治上相互提携、支持；文学上诗酒唱和，促进了清代诸体文学的全面繁荣；学术上，则切磋琢磨，形成盛极一时的乾嘉学术群体。

乾嘉文人交流频繁，固然与统一、安定的国势有关，而乾嘉文人的独特气质也是重要原因。整个清王朝，上自帝王，下至一般文人，都对学术、文章抱有浓厚兴趣。帝王整合全国力量编辑大型丛书，整理古代典章制度；封疆大吏招募幕府文士，从事书籍编纂等文化活动；书院是地方文化的集合地，

---

① 武文清《论王昶与袁枚之争》：“受乾嘉考据之风的影响，王昶将考据学‘重学问’的色彩引入诗歌领域，使得‘格调说’与‘性灵说’的对立呈现出不同于沈德潜时期的新特点。”(载《文艺评论》2014 年第 4 期)

② 王昶辑：《湖海诗传》，上海古籍出版社 2013 年版，第 422 页。

③ 参见杨齐：《从王鸣盛与吴镇的交游看嘉道诗学的发展方向》，《海南大学学报(人文社会科学版)》2016 年第 6 期。

家族又是民间传承的重要节点。文人以仕途、学术、辞章为纽带，交流密切。乡谊、亲缘等仍受重视，却不再是主要要素。以王昶与杨芳灿二人为例，他们虽不是同乡，也无血缘关系，甚至也不是正式师徒，然而蓉裳甫入仕途，便有王昶的密切关照。仕途奖掖、书信往来、文集作序、文会谈艺、诗歌唱和、选本著录、诗话评论、纂辑尺牍等等，王、杨的文学交游反映了乾嘉文人间主要的交流模式。文学创作与发展动向在文人频繁的互动中表现明显，尤其是文坛领袖间的交往，往往给文学风气及文学观念带来了新的气息与风尚。

可敬的奸雄

——论《三国演义》中曹操的正面形象*

庞光华**

摘　要:《三国演义》中曹操的形象是丰富多彩的,人物性格是复杂的,不能用简单的概念和标签来评论曹操。本文详细考证了《三国演义》中体现曹操的英雄形象的十多个细节,有助于学术界对曹操形象的全面正确的认识和评价。本文的立论完全立足于考证,而不是基于印象和感觉。

关键词:曹操;奸雄;英雄

一、《三国演义》中曹操的正面形象

鲁迅《中国小说的历史的变迁》第六讲《清小说之四派及其末流》论述《红楼梦》时说:"至于说到《红楼梦》的价值,可是在中国底小说中实在是不可多得的。其要点在敢于如实描写,并无讳饰,和从前的小说叙好人完全是好,坏人完全是坏的,大不相同,所以其中所叙的人物,都是真的人物。"①鲁迅是研究中国古典小说的专家,此说影响很大,被许多学者引述。但本文认为鲁迅先生的这段论述大可商榷。因为在《红楼梦》之前的《三国演义》虽然

---

* 本论文为2015年度五邑大学创新强校项目"陈垣新论"(编号:2015WTSCX106)的阶段性成果。

** 作者简介:庞光华,1968年生于重庆,北京大学博士,现为五邑大学文学院教授,从事汉语史、文化史、古文献、古典文学研究。

① 收入《鲁迅全集》第9卷,人民文学出版社2016年版,第348页。

明显是“尊刘贬曹”[①]，但并没有将曹操写成“完全是坏的”，也没有将刘备写成“完全是好的”。《三国演义》贬损抹黑曹操的倾向很明显，这是自南宋岳

① 刘大杰《中国文学发展史》下（复旦大学出版社 2011 年版）第 172 页：“《三国演义》把曹操写得那么奸险，把刘备写得那么仁慈，实际是违反历史事实的。”但刘大杰《中国文学发展史》（商务印书馆 2015 年版）下卷《三国演义》节没有对《三国演义》人物性格和形象的评论。游国恩等《中国文学史》（修订本，人民文学出版社 2008 年版）第 4 册第 17 页：“《三国演义》继承了《平话》‘拥刘反曹’的传统，把蜀汉当作全书矛盾的主导方面，把刘关张诸葛亮当作小说的中心人物。……书中对曹刘对比的描写，给我们印象最深刻的主要是刘备以宽仁待民，曹操以残暴害民；刘备待士以诚心和义气，曹操则全用权术和机诈。”第 18 页：“和刘备相对立的奸雄曹操，其残酷、欺诈的性格和刘备也正是鲜明的对照。”此书将《三国演义》中曹刘的描写对比较详。中国社科院文学所主编的《中国文学史》（人民文学出版社 1984 年版）第 3 册第 846 页称：“在《三国志演义》中，作者显然是拥刘反曹。由于反曹，作者写曹操杀后逼帝，穷凶极恶，生动地绘出一幅‘欺君罔上曹丞相’的画面。同时写他和荀彧等人的关系，更是阴森森的……罗贯中用斥责和讥笑的态度，描绘出一个令人厌恶的曹操形象。”同书第 847 页：“与此相反，作者写刘备为人忠厚，仁民爱物，他的集团成员之间是相互信任，相互支持，忠心耿耿，出生入死。”袁行霈主编的《中国文学史》（高等教育出版社 2004 年版）第 4 卷第七编第一章第二节第 27 页：“小说在以蜀为中心，展开三国间的错综复杂的争斗故事时，就把刘备塑造成一个仁君的典范……受到人们的普遍爱戴……与刘备相对照的是，作者又塑造了一个残暴的奸雄曹操。”同书第 30 页：“《三国志演义》具有明显的拥刘反曹的倾向。”吴组缃《谈三国演义》（收入《吴组缃文选》，北京大学出版社 2010 年版）道：“这部小说，自始至终贯穿着‘拥刘反曹’的思想。……罗贯中创作《三国演义》主要从两个方面突出了‘拥刘反曹’的思想：一是从总的布局上；二是从人物形象的塑造上。”吴组缃此文对“拥刘反曹”的思想阐述得比较详细。浦江清《中国文学史稿·明清卷》（北京出版社 2018 年版）第 27 页：“《三国演义》尽量写曹操的奸诈，以曹操奸诈的极端表现，比照刘备的仁厚。”同书第 32～34 页《曹操的典型性格》详细列举了曹操的各种负面的性格和行为，认为曹操是奸雄的典型，《三国演义》就是全面否定曹操。孙楷第《三国志平话与三国志通俗演义》（收入孙楷第《沧州集》卷二，中华书局 2009 年版，第 83 页）：“魏武雄才大略，用兵如神，登高必赋，写来乃纯然小人。”孙楷第一代文史名家，居然说《三国演义》将曹操写成纯然小人，实在没有细读原书。只看到“拥刘反曹”，把曹操完全当作负面人物形象，这样的观点显然是片面的。罗宗强、陈洪主编《中国古代文学发展史》（南开大学出版社 2010 年版）下册第七编《明代文学》第 59 页称：“《三国演义》中类型化人物的艺术特征主要有如下几点：单一性，即重要形象都有一个主要的、突出的特征，它在形象内部诸因素中占决定性位置，这一特征足以撑得起整个形象。在《三国演义》中，大多数人物形象都有某一道德品质的突出表现，如曹操的奸、诸葛亮的忠贞、关羽的义、刘备的仁、董卓的残暴、赵云的勇、周瑜的心胸狭窄等。”用一个“奸”字来概括曹操的主要形象，显然是非常片面的，也贬低了《三国演义》塑造人物形象的艺术成就。另参见李剑国、陈洪主编《中国小说通史明代卷》（高等教育出版社 2007 年版，第九编第二章第 930 页）。

飞对曹操的态度、朱熹的《通鉴纲目》否认曹魏政权正统性和元世祖忽必烈的《下江南檄》以后的社会文化大环境污染的结果。罗贯中只是承袭了这一强大的社会传统而已。但《三国演义》[①]作为古典文学奇书，其可贵之处就是在塑造人物形象上没有将主要的历史人物概念化或脸谱化，并没有将曹操描写成一个十足的坏人或奸贼，其英雄伟人的形象在书中常常可见，令人印象极为深刻。小说既写了曹操的许多奸诈残忍，也刻画了曹操确是一代俊杰，并非鲁迅说的"坏人全坏"。今从《三国演义》中引述相关细节考论如下：

1. 第一回，曹操出场时，小说概述曹操的从前经历，称：

> 时人有桥玄者，谓操曰："天下将乱，非命世之才不能济。能安之者，其在君乎?"南阳何颙见操，言："汉室将亡，安天下者，必此人也。"汝南许劭，有知人之名。操往见之，问曰："我何如人?"劭不答。又问，劭曰："子治世之能臣，乱世之奸雄也。"操闻言大喜。年二十，举孝廉，为郎，除洛阳北部尉。初到任，即设五色棒十余条于县之四门，有犯禁者，不避豪贵，皆责之。中常侍蹇硕之叔，提刀夜行，操巡夜拿住，就棒责之。由是，内外莫敢犯者，威名颇震。（第 8 页）

当时名士桥玄、何颙、许劭都对曹操有很高评价。尤其是曹操听说自己将成为"奸雄"后，没有不高兴，反而"大喜"。后叙曹操在洛阳做官，不避权贵，打击奸佞，执法无情，显然是英雄形象。这怎能说是坏人？第十回，曹操的父亲曹嵩全家被陶谦叛将张闿杀尽。这时《三国演义》附有后人有诗曰："曹操奸雄世所夸。"曹操虽是奸雄，却"世所夸"。第三十回，许攸投奔曹操：

> 攸笑曰："世人皆言孟德奸雄，今果然也。"操亦笑曰："岂不闻兵不厌诈!"（第 255 页）

曹操并不忌讳"奸雄"之名。战争讲究机诈，乃是兵法，与道德无关。《孙子兵法·计》篇："兵者，诡道也。故能而示之不能，用而示之不用，近而示之

---

① 据李剑国、陈洪主编《中国小说通史明代卷》(高等教育出版社 2007 年版)第九编第二章第 923 页："《三国演义》是个模糊的概念，它可以是对该作品不同版本的统称。该作品现存明刊本约 30 种，清刊本约 70 余种，从各刊文字和情节的差异来看，它们经过不同人的加工，可以归为不同的版本系统，这些形态各异的版本，均可笼统地称为《三国演义》。"本文所依据的《三国演义》是人民文学出版社 2015 年版，《中国古典文学读本丛书》本(上、下卷，以下引用，只注明页码)。这是经过清代毛氏父子修改后的版本，不是罗贯中原本。二本虽有诸多情节的不同，但在精神实质和价值观上是一致的。上面列举的诸多文学史著作一般都依据罗贯中原本的《三国志通俗演义》来论述。相对于以上各种综合性的文学史著作，李剑国、陈洪主编的《中国小说通史明代卷》对《三国演义》的叙述和考论最详。

远，远而示之近。利而诱之，乱而取之。"《孙子兵法·军争》篇："故兵以诈立。"《吴子·图国》："暴必以诈服。"《吴子·论将》："其将愚而信人，可诈而诱。贪而忽名，可货而赂。"兵法推崇诡诈之术。

2. 第四回说"谋董贼孟德献刀"，曹操在董卓专权乱政时挺身而出，不顾凶险，自告奋勇刺杀董卓，失败后出逃，在中牟县被陈宫所获。曹操身陷罗网，坚贞不屈，大义凛然：

> 至夜分，县令唤亲随人暗地取出曹操，直至后院中审究；问曰："我闻丞相待汝不薄，何故自取其祸？"操曰："燕雀安知鸿鹄志哉！汝既拿住我，便当解去请赏。何必多问！"县令屏退左右，谓操曰："汝休小觑我。我非俗吏，奈未遇其主耳。"操曰："吾祖宗世食汉禄，若不思报国，与禽兽何异？吾屈身事卓者，欲乘间图之，为国除害耳。今事不成，乃天意也！"县令曰："孟德此行，将欲何往？"操曰："吾将归乡里，发矫诏，召天下诸侯兴兵共诛董卓：吾之愿也。"县令闻言，乃亲释其缚，扶之上坐，再拜曰："公真天下忠义之士也！"（第 36 页）

正是因为曹操除奸报国的精神，大义凛然、视死如归的英雄气概感动了陈宫。陈宫赞叹曹操是"真天下忠义之士"，不但释放了曹操，而且弃官追随曹操。这个场面的曹操无论如何不是负面的奸贼。

3. 第五回说"发矫诏诸镇应曹公"。曹操回到家乡后，并没有丧失信念，散发家财，招兵买马，准备讨伐董卓。同时得到名士卫弘的支助。卫弘非常赞赏曹操：

> 操置酒张筵，拜请卫弘到家，告曰："今汉室无主，董卓专权，欺君害民，天下切齿。操欲力扶社稷，恨力不足。公乃忠义之士，敢求相助！"卫弘曰："吾有是心久矣，恨未遇英雄耳。既孟德有大志，愿将家资相助。"操大喜。（第 38 页）

卫弘十分敬仰曹操是胸怀大志的英雄，所以用家资赞助曹操的讨董卓壮举。曹操所发的讨董卓檄文也是忠义慷慨。这样的曹操难道是"完全坏么"？

4. 第十七回，曹操于建安三年出兵征讨张绣，发生了自己马践踏麦田之事：

> 操使人远近遍谕村人父老，及各处守境官吏曰："吾奉天子明诏，出兵讨逆，与民除害。方今麦熟之时，不得已而起兵，大小将校，凡过麦田，但有践踏者，并皆斩首。军法甚严，尔民勿得惊疑。"百姓闻谕，无不欢喜称颂，望尘遮道而拜。官军经过麦田，皆下马以手扶麦，递相传送而过，并不敢践踏。操乘马正行，忽田中惊起一鸠。那马眼生，窜入麦中，践坏了一大块麦田。操随呼行军主簿，拟议自己践麦之罪。主簿

曰:"丞相岂可议罪?"操曰:"吾自制法,吾自犯之,何以服众?"即掣所佩之剑欲自刎。众急救住。郭嘉曰:"古者《春秋》之义:法不加于尊。丞相总统大军,岂可自戕?"操沉吟良久,乃曰:"既《春秋》有法不加于尊之义,吾姑免死。"乃以剑割自己之发,掷于地曰:"割发权代首。"使人以发传示三军曰:"丞相践麦,本当斩首号令,今割发以代。"于是三军悚然,无不懔遵军令。(第 262~263 页)

从曹操身为三军统帅,厉行军令,不得伤害百姓农田。他以身作则,带头遵守军法,体现了法家不分贵贱,一断于法的精神,使得"三军悚然,无不懔遵军令",充分展现了曹操的英雄气概。

5.第十八回,郭嘉分析曹操有十胜,袁绍有十败。郭嘉的分析足以彰显曹操的雄才大略:

今绍有十败,公有十胜,绍兵虽盛,不足惧也:绍繁礼多仪,公体任自然,此道胜也;绍以逆动,公以顺率,此义胜也;桓、灵以来,政失于宽,绍以宽济,公以猛纠,此治胜也;绍外宽内忌,所任多亲戚,公外简内明,用人惟才,此度胜也;绍多谋少决,公得策辄行,此谋胜也;绍专收名誉,公以至诚待人,此德胜也;绍恤近忽远,公虑无不周,此仁胜也;绍听谗惑乱,公浸润不行,此明胜也;绍是非混淆,公法度严明,此文胜也;绍好为虚势,不知兵要,公以少克众,用兵如神,此武胜也。公有此十胜,于以败绍无难矣。"操笑曰:"如公所言,孤何足以当之!"荀彧曰:"郭奉孝十胜十败之说,正与愚见相合。绍兵虽众,何足惧耶!"(第 157 页)

郭嘉是曹操最有见识的谋臣,对袁、曹的优劣分析十分精辟。其见解得到曹操的另一重要谋士荀彧的赞同,帮助曹操下定决心暂弃袁绍不顾,集中力量消灭吕布。这对曹操最终平定北方起了积极作用。

6.第二十二回讲"袁曹各起马步三军"。袁绍的谋士们争论是否响应郑玄的请求,起兵伐曹。其中沮授的话显示曹操的才干非同凡响,与公孙瓒不同:

谋士沮授曰:"制胜之策,不在强盛。曹操法令既行,士卒精练,比公孙瓒坐受困者不同。今弃献捷良策,而兴无名之兵,窃为明公不取。"(第 188 页)

最后,袁绍采纳审配、郭图、许攸等人的意见,出动三十万精兵伐曹,但最终无功而返,表明沮授的意见是正确的。

7.第二十三回,曹操派刘晔招降张绣,同时袁绍也企图招降张绣,而张绣的重要谋士贾诩笑骂袁绍使者,力劝张绣归顺曹操:

张绣曰:"方今袁强曹弱;今毁书叱使,袁绍若至,当如之何?"诩曰:

“不如去从曹操。”绣曰:“吾先与操有仇,安得相容?”诩曰:“从操其便有三:夫曹公奉天子明诏,征伐天下,其宜从一也;绍强盛,我以少从之,必不以我为重,操虽弱,得我必喜,其宜从二也;曹公王霸之志,必释私怨,以明德于四海,其宜从三也。愿将军无疑焉。”绣从其言,请刘晔相见。晔盛称操德,且曰:“丞相若记旧怨,安肯使某来结好将军乎?”绣大喜,即同贾诩等赴许都投降。绣见操,拜于阶下。操忙扶起,执其手曰:“有小过失,勿记于心。”遂封绣为扬武将军,封贾诩为执金吾使。(第197~198页)

贾诩虽然从前是曹操的敌人,曾为张绣设谋,攻杀了曹操的心腹爱将典韦,几乎要了曹操的性命,却坚定地认为:“曹公王霸之志,必释私怨,以明德于四海。”正因为曹操大度能容,所以成功招降张绣和贾诩。此后贾诩成为曹操的重要谋士,为曹魏的霸业屡建奇功。

8. 第二十五回,曹操为了招降关羽,派张辽前往土山与关羽说降。关羽约定三事,张辽对关羽称:“丞相宽宏大度,何所不容。愿闻三事。”

公曰:“兄言三便,吾有三约。若丞相能从,我即当卸甲;如其不允,吾宁受三罪而死。”辽曰:“丞相宽洪大量,何所不容。愿闻三事。”公曰:“一者,吾与皇叔设誓,共扶汉室,吾今只降汉帝,不降曹操;二者,二嫂处请给皇叔俸禄养赡,一应上下人等,皆不许到门;三者,但知刘皇叔去向,不管千里万里,便当辞去:三者缺一,断不肯降。望文远急急回报。”张辽应诺,遂上马,回见曹操,先说降汉不降曹之事。操笑曰:“吾为汉相,汉即吾也。此可从之。”辽又言:“二夫人欲请皇叔俸给,并上下人等不许到门。”操曰:“吾于皇叔俸内,更加倍与之。至于严禁内外,乃是家法,又何疑焉!”辽又曰:“但知玄德信息,虽远必往。”操摇首曰:“然则吾养云长何用?此事却难从。”辽曰:“岂不闻豫让众人国士之论乎?刘玄德待云长不过恩厚耳。丞相更施厚恩以结其心,何忧云长之不服也?”操曰:“文远之言甚当,吾愿从此三事。”(第212页)

从此事可见曹操宽容大度,从谏如流,从而成功招降关羽,使得关羽后来在曹操与袁绍大战中,斩杀袁军大将颜良文丑,为曹操立下大功。而且后来曹操兑现了诺言,允许关羽千里走单骑,寻找刘备,并不加以刁难,为以后兵败赤壁时在华容道请求关羽放自己一条生路留下了情分。

9. 第三十回,袁、曹官渡大战,袁绍的谋士许攸被袁绍怪罪申斥,这时:

(许攸)遂欲拔剑自刎。左右夺剑劝曰:“公何轻生至此?袁绍不纳直言,后必为曹操所擒。公既与曹公有旧,何不弃暗投明?”只这两句言语,点醒许攸;于是许攸径投曹操。(第255页)

又，袁绍的大将张郃、高览被袁绍的谋士郭图谗言陷害，被迫降曹，但又对曹操怀有疑虑，而曹操坦诚相待，收降二将：

于是二人领本部兵马，往曹操寨中投降。夏侯惇曰："张、高二人来降，未知虚实。"操曰："吾以恩遇之，虽有异心，亦可变矣。"遂开营门命二人入。二人倒戈卸甲，拜伏于地。操曰："若使袁绍肯从二将军之言，不至有败。今二将军肯来相投，如微子去殷，韩信归汉也。"遂封张郃为偏将军、都亭侯，高览为偏将军、东莱侯。二人大喜。(第 258 页)

曹操襟怀大度，用人不疑，显示了其大将才略，也正因为如此，曹操在官渡大战中才能以弱胜强，击破袁绍百万大军，奠定了曹魏的霸业。这样的情节怎能给人坏印象？

又，还是第三十回，曹操在官渡大败袁绍，缴获大量战利品：

于图书中检出书信一束，皆许都及军中诸人与绍暗通之书。左右曰："可逐一点对姓名，收而杀之。"操曰："当绍之强，孤亦不能自保，况他人乎？"遂命尽焚之，更不再问。"(第 259 页)

这样的曹操分明是既往不咎、大器能容的英雄形象，只能令人敬仰，哪里是"坏到底"的人？

10. 第三十一回，曹操在官渡大破袁绍之后，以得胜之兵进攻仓亭，这时河北的老百姓箪食壶浆欢迎曹操，并说出颂扬曹操的话。这个细节表明曹操进行统一河北的战争深得人心：

时操引得胜之兵，陈列于河上，有土人箪食壶浆以迎之。操见父老数人，须发尽白，乃命入帐中赐坐，问之曰："老丈多少年纪？"答曰："欲近百岁矣。"操曰："吾军士惊扰汝乡，吾甚不安。"父老曰："桓帝时，有黄星见于楚、宋之分，辽东人殷馗善晓天文，夜宿于此，对老汉等言：黄星见于乾象，正照此间。后五十年，当有真人起于梁沛之间。今以年计之，整整五十年。袁本初重敛于民，民皆怨之。丞相兴仁义之兵，吊民伐罪，官渡一战，破袁绍百万之众，正应当时殷馗之言，兆民可望太平矣。"操笑曰："何敢当老丈所言？"遂取酒食绢帛赐老人而遣之。号令三军："如有下乡杀人家鸡犬者，如杀人之罪！"于是军民震服。操亦心中暗喜。(第 262～263 页)

足见曹操军纪整肃，对民众秋毫无犯，深得人民拥戴。袁绍领地上的人将曹操在官渡击破袁绍大军赞叹为"丞相兴仁义之兵，吊民伐罪"，足见曹操深得民心，为一代豪杰，绝不像董卓、李傕之流滥杀无辜。另外，《三国演义》第十七回，曹操征讨张绣时，大军经过民众麦田：

操使人远近遍谕村人父老，及各处守境官吏曰："吾奉天子明诏，出兵讨逆，与民除害。方今麦熟之时，不得已而起兵，大小将校，凡过麦田，但有践踏者，并皆斩首。军法甚严，尔民勿得惊疑。"百姓闻谕，无不欢喜称颂，望尘遮道而拜。（第 152 页）

可见曹操严于治军，与民无争，深得民众爱戴。这怎是奸贼形象？曹操的敌人诸葛亮在《后出师表》中也佩服地说："曹操智计，殊绝于人，其用兵也，仿佛孙、吴。……先帝每称操为能。"（第 802 页）作为死敌的刘备、诸葛亮，也真心佩服曹操。

11. 第四十回，曹操亲率大军击破刘备，席卷荆襄，荆州之主刘琮召集众官商议对策，荆州官员傅巽、蒯越都主张归顺曹操。这时名士王粲盎然进言，劝刘琮降曹：

当日谓刘琮曰："将军自料比曹公何如？"琮曰："不如也。"粲曰："曹公兵强将勇，足智多谋；擒吕布于下邳，摧袁绍于官渡，逐刘备于陇右，破乌桓于白狼：枭除荡定者，不可胜计。今以大军南下荆襄，势难抵敌。傅、蒯二君之谋，乃长策也。将军不可迟疑，致生后悔。"（第 335 页）

可见在当时荆州官员的眼中，曹操"兵强将勇，足智多谋"，屡建战功，横扫中原，天下无敌，是盖世英雄，所以曹操最终兵不血刃，占领荆州全境。后来兵临江东，剑指孙权。孙权的众多谋士极为惊恐，害怕曹操的兵威，个个愿降，只有周瑜和鲁肃是主战派。

12. 第五十六回，曹操大宴铜雀台：

时有王朗、钟繇、王粲、陈琳一班文官，进献诗章。诗中多有称颂曹操功德巍巍、合当受命之意。曹操逐一览毕，笑曰："诸公佳作，过誉甚矣。孤本愚陋，始举孝廉。后值天下大乱，筑精舍于谯东五十里，欲春夏读书，秋冬射猎，以待天下清平，方出仕耳。不意朝廷征孤为典军校尉，遂更其意，专欲为国家讨贼立功，图死后得题墓道曰：'汉故征西将军曹侯之墓'，平生愿足矣。念自讨董卓、剿黄巾以来，除袁术、破吕布、灭袁绍、定刘表，遂平天下。身为宰相，人臣之贵已极，又复何望哉？如国家无孤一人，正不知几人称帝，几人称王。或见孤权重，妄相忖度，疑孤有异心，此大谬也。孤常念孔子称文王之至德，此言耿耿在心。但欲孤委捐兵众，归就所封武平侯之国，实不可耳：诚恐一解兵柄，为人所害；孤败则国家倾危；是以不得慕虚名而处实祸也。诸公必无知孤意

者。”众皆起拜曰：“虽伊尹、周公，不及丞相矣。”(第 457～458 页)[①]

这说明曹操只想为国家建功立业，并不想代汉称皇帝。所以众臣颂扬曹操为伊尹、周公不能及。事实上，曹操并不是以假话敷衍众官，他至死没有称帝。这样的情节总不能说曹操也是坏透了。

13. 第七十八回，孙权怂恿曹操废汉称帝，陈群等人也劝曹操代汉称皇帝，但曹操坚决不答应：

> 侍中陈群等奏曰：“汉室久已衰微，殿下功德巍巍，生灵仰望。今孙权称臣归命，此天人之应，异气齐声。殿下宜应天顺人，早正大位。”操笑曰：“吾事汉多年，虽有功德及民，然位至于王，名爵已极，何敢更有他望？苟天命在孤，孤为周文王矣。”(第 643～644 页)

这表明曹操满足于已有的名位，不想做皇帝，与当年大宴铜雀台时的想法一样，并无篡汉之心。要把曹操定为汉贼，是很困难的。

14. 第七十八回，曹操传遗命托孤而亡。这时小说附有一首《邺中歌》叹述曹操的一生：

> 邺则邺城水漳水，定有异人从此起：雄谋韵事与文心，君臣兄弟而父子；英雄未有俗胸中，出没岂随人眼底？功首罪魁非两人，遗臭流芳本一身；文章有神霸有气，岂能苟尔化为群？横流筑台距太行，气与理势相低昂；安有斯人不作逆，小不为霸大不王？霸王降作儿女鸣，无可奈何中不平；向帐明知非有益，分香未可谓无情。呜呼！古人作事无巨细，寂寞豪华皆有意；书生轻议冢中人，冢中笑尔书生气！(第 645 页)

其中的“功首罪魁非两人，遗臭流芳本一身”这两句就说明曹操不是一个十足的坏人，也有功绩流芳。鲁迅对《红楼梦》之前古典小说人物形象的概括实在有失偏颇。虽然《三国演义》贬曹的色彩很重，但这首诗本身对曹操基本上是颂赞的，例如说：“英雄未有俗胸中，出没岂随人眼底？……文章有神霸有气，岂能苟尔化为群？……书生轻议冢中人，冢中笑尔书生气！”这不正是对曹操的敬佩之情吗？

二、对《三国演义》中曹操形象的再评价

《三国演义》之所以是我国阅读最广的名著之一，是因为有多方面的成

---

① 鲁迅《魏晋风度及文章与药及酒之关系》：“曹操曾自己说过‘倘无我，不知有多少人称帝称王！’这句话他倒并没有说谎。”(《鲁迅全集》第 3 卷，人民文学出版社 2016 年版，第 524 页)

就。其塑造的主要人物之一的曹操不是单一形象和性格，而是具有多方面复杂性格和行为的人物。我们评论《三国演义》不能只看到其尊刘贬曹的一面，还要看到作者对曹操的正面描写和欣赏赞叹。正因为如此，《三国演义》中的主人公之一的曹操形象才避免了概念化和脸谱化，并不是乱臣贼子的象征，更不是戏剧舞台上的白脸奸臣，如鲁迅所言。① 这也是《三国演义》具有长久魅力的原因之一。

近年有的文学史著作已经注意到《三国演义》中的人物形象不能标签化，人物的形象有其多面性。章培恒等《中国文学史新著》中卷第五编第五章第二节《三国志通俗演义》又走向另一极端，说《三国演义》只有歌颂："罗贯中将刘备、曹操、孙氏父子作为英雄加以肯定赞美。"对曹操，"作者并没有回避曹操身上的奸诈、冷酷的特点，但在他看来，尽管有这样的问题，只要真有才能，并且能做一番事业，那仍然是英雄。而从曹操的实际才能与其所创建的功业看，也确实如此"。当然章培恒此书丝毫不提拥曹反刘，这也不符合事实，但此书认为《三国演义》充满了英雄崇拜，这是正确的，有的观点则是独到的。例如此书认为：曹操、刘备、孙氏父子虽然都是英雄，"但他们却不是传统道德意义上的忠臣。作为汉室的臣子，他们都怀有个人野心"②。这个观点是有见地的。实际上，"个人野心"也是英雄主义的一种体现。然而此书称："在中国小说史上，《三国志通俗演义》第一次比较集中地反映出当时的市民意识。当时市民意识的主要特点是重功利、重个体、重个人的能力。《三国志通俗演义》写英雄不重个人的道德品质，而重视其个人的能力、建树与个人的情感。"③这就不符合事实。小说对刘备的仁义道德、关羽的忠义是有很多描述的④，对董卓李傕的残暴滥杀，甚至对曹操杀戮大臣的冷酷，也有明确的谴责。

---

① 鲁迅《魏晋风度及文章与药及酒之关系》曾言："不过我们讲到曹操，很容易就联想起《三国志演义》，更而想起戏台上那一位花面的奸臣，但这不是观察曹操的真正方法。"（《鲁迅全集》第 3 卷，人民文学出版社 2016 年版，第 523 页）

② 章培恒：《中国文学史新著》，复旦大学出版社 2011 年版，第 453 页。

③ 章培恒：《中国文学史新著》，第 458 页。

④ 袁行霈主编《中国文学史》（高等教育出版社 2004 年版）第四卷第七编第一章第二节"《三国志演义》在人格构建上的价值取向，是恪守以'忠义'为核心的伦理道德规范。全书写人论事，都鲜明地以此来区分善恶，评定高下，而不问其身处什么集团，也不论其出身贵贱和性别，只要'义不负心，忠不顾死'，都一律加以赞美。特别是对诸葛亮的忠、关羽的义，作者更是倾注了全部的感情，把他们塑造成理想人格的化身。"（第 28 页）这段论述是正确的，也可以当作对章培恒书的批评。

孙康宜、宇文所安主编《剑桥中国文学史》下册称《三国演义》“创造了一种新的英雄主义”[①]。“曹操则被称作‘奸雄’——‘治世之能臣，乱世之奸雄’。他是一个冷酷无情的杀人者，他曾忘恩负义，杀了吕伯奢全家。他又是一个精于权谋的人，为了达到目的，可以无所不为——如他谋划如何赢得人心。另一方面，曹操的某些慷慨义举也最令人钦佩，如他因为爱才而不杀陈琳，因敬重英雄而放了关羽(后来关羽同样义释曹操)。可以说，曹操英雄形象之重塑，是嘉靖本的伟大成就之一。”[②]梅维恒主编《哥伦比亚中国文学史》上卷第四编《小说》第三十五章《章回小说》对曹操的形象也是分析为奸诈和英雄的两重性，只是语焉不详。[③]

李剑国、陈洪主编《中国小说通史·明代卷》第九编第二章：“其中写得最好的人物无疑是曹操。曹操被毛氏父子称为‘奸绝’，但实际上作者并没有作如此简单化的处理，小说在写出他的奸诈、残忍的同时，也写出了他的雄才大略、敢作敢为、善于引纳人才等种种长处，使得这一人物有了某些圆型人物的特征。”[④]这样的观点当然比那些只看到“拥刘反曹”的人要合理得多。

本文对小说叙述曹操英明机智、坚毅果敢、善于用人和纳谏等情节不做具体引述和分析，只是论述其在小说中的正面形象，尤其是在小说中的其他人物眼中的曹操形象，也就是从小说中其他人对曹操的评论中观察曹操的形象。

---

① 孙康宜、宇文所安：《剑桥中国文学史》，三联书店 2013 年版，第 71 页。

② 孙康宜、宇文所安：《剑桥中国文学史》，第 72 页。

③ [美]梅维恒主编：《哥伦比亚中国文学史》，马小悟等译，新星出版社 2016 年版，第 684 页。

④ 李剑国、陈洪主编：《中国小说通史·明代卷》，高等教育出版社 2007 年版，第 947 页。

研学札记

师门学礼记

郭超颖[*]

摘　要:本文通过回顾在南京师范大学读硕期间跟从导师进行礼学学习与研究以及在山东大学读博期间导师指导读书学习的经历,从课程设置、论文指导、文献阅读等多个方面进行了展示,对古典文献学专业以及相关专业本科生、硕士生学习具有启发和借鉴意义。

关键词:南京师范大学;礼学;课程设置;论文指导

2011 年秋,我南下金陵求学,承蒙方师不弃[①],拜在老师门下开始习礼。时光荏苒,倏忽已有将近八个年头。老师对我们的成长倾注了大量的心血,从课程设置、课程教学、论文修改以及谈议教诲,无不包含着老师精心的思考与殷勤的付出。正是这些鼓励与帮助,使我们在繁劳的工作中能够最终不畏艰难,勇于探索。今唐山师范学院编写的《中文研究论集》还专门设有礼学栏目,我在郭万青师兄的建议下,就方老师在礼学研究方面给我们讲的治礼思路、方法、方向等诸多方面,从我个人接受角度进行叙述,也算是对自己读书历程的再次审视。

初入随园,研究生导师分配确定以后,初次师生见面,老师示我们治学之门径。老师谈的大意是,古文献之学习当以校读法始入,如此才能扎下身子,落在实处。指定给我的课业是《周礼注疏》一书的校读,就阮元校刻《十

---

* 作者简介:郭超颖,古典文献学专业博士,山东师范大学古籍整理研究所讲师,主要从事礼学以及礼学文献研究。

① 关于方向东老师的相关资料,可参见杨杰师姐《忠贞的坚守者——记章黄学派传人方向东教授》(《国文天地》第 334 期,第 90～94 页)和王锷老師主编《学礼堂访谈录·允也君子》(江苏凤凰出版社 2017 年版)之《汇校新书和大戴,整理通考与群经——方向东》。

三经注疏》本系统，比勘南昌府学本与中华书局1980年影印本的差异。在此过程中，制作出中华书局1980年影印阮校刻本《周礼注疏》的电子文本，这也是为后面硕士论文写作整理工作底本。

校读的整个过程，促使我对版本系统内校勘的相关问题思考过很多，就具体的工作而言收获也颇丰。如最开始遇见的校勘记符号问题、阮刻本的递修问题。当时蔡玉英师姐、魏庆彬师兄比我们高一级，他们已经在校读工作中发现了诸多问题，比如四库本的校勘价值、同治十年广东书局本的问题等等。同门郎文行、师弟李庆彬、师妹丁林和我，都跟在蔡师姐、魏师兄后面，对这些问题也有过频繁的交流。每隔一段时间，方老师会召集大家小聚一次，启发门下诸生谈一下各自的想法和困惑。方老师针对我们的问题和疑惑，会给予解决问题的具体思路和论文写作的细致意见。蔡玉英师姐、魏庆彬师兄、郎文行、李庆彬、丁林相继在《文教资料》上发表《从阮刻本〈论语注疏〉看四库本的校勘价值》《阮刻十三经注疏版本初探》《阮刻本〈礼记注疏〉校勘记符号初探》《〈尚书注疏〉校读札记》《中华本〈周易释文〉校勘札记》等文章，诸位同门在该项工作中都得出了自己的心得体会。

我自己虽然没有在这些问题上发表文章，但这个扎实的训练，使我在以后几年的读书中受益无穷。对于初学者来说，校读法能促使学生直面问题，在疑问的产生与解决中，逐渐真正理解所学的知识。大约临近硕士毕业时，我就已经切身认识到在具体实践中读书，对于文献学学习的极端重要性了。

在校读过程中，经注研究是另一方面的收获。《周礼》涉土地、职官、禄廪，层次清晰，建构蔚然，为能眉清目楚，对自己感兴趣的内容，就随手检点沈彤《录田考》、程瑶田《沟洫疆理》、孙诒让《正义》、崔述《考信录》等书，遇有疑窦与感悟，即行记录，总得笔记数万字。很可惜的是，由于电脑硬盘损毁，没有另外保存，这些笔记随着当时很多听课心得都丢失了。近一两年随着思考的加深，早年积累的问题和想法又逐渐浮出水面，并与现在的《仪礼》、经学史研究相融合，后来和方老师谈及该问题，老师也给予了很大的鼓励。

研一下学期，方师为文献专业同学开设《仪礼》课程，以《四库全书》文渊阁本的张尔岐《句读》为教材，一字一句，请诸生当堂句读诵读，一生读毕，大家对所诵段落之不明处发问，然后同学们就此讨论，方师会根据大家的讨论进行答疑。至学期之末，正好读完《乡射礼》，超颖平时于课下按老师所授之法，辅之注疏，全习十七篇。方师课上，既在训诂、制度的细微关键处，引导大家认真研读经文，又不失大义的阐释发挥。若《士昏礼》夫妇共牢之礼，关于食物的具体放置，老师请一位同学在黑板上画图，其余同学各自在座位上画，完成后，老师根据黑板上同学绘的礼图，引导大家理解经注，并且指出郑玄注云"馔要方",可实际却很难做到。在这个问题上,元代的敖继公、清人张尔岐、盛世佐、沈彤都参与过讨论(可参阅清胡培翚《仪礼正义》),老师最后提出一个猜测,经文这个地方会不会存在脱衍呢,并让大家继续思考。方老师还借用生活中的小例子来帮助大家分析礼仪的古今精神,比如《士昏礼》舅姑以一献之礼飨妇后,舅姑先从西阶下堂,妇从阼阶下堂,郑玄注云:"授之室,使为主,明代己。"老师讲到这里,说起曾经有毕业多年的学生咨询过一个问题,公婆何时把家里钥匙正式交由女方呢?老师回答他认为就是这个时候了。同学们提问题也都比较积极,大家会针对各自的兴趣点,向老师积极请教。例如,有同学问过《士相见礼》记载的执玉见国君"则唯舒武,举前曳踵"如何具体理解,方老师请同学们根据自己的认识当堂表演,并就不到位的地方进行纠正。又如,有同学问过《乡饮酒礼》《乡射礼》设俎用牲为何用狗的问题。还有的同学提出郑玄《目录》所云《乡饮酒礼》"诸侯之乡大夫,三年大比,献贤者能者于其君"的断句问题,并认为会不会有所谓诸侯之乡、大夫之乡的问题。还记得自己向大家请教的一些个别问题,如经文中"境"与"竟"、"昏"与"昬"的用字问题,经文"全"谓"纯",礼成谓"告备",云云,是否存在修辞立文之法。

我的习作《〈仪礼〉"宾进东北面辞洗"释疑》,即是受方师《仪礼》句读课启发而成。课上方老师对《乡饮酒》《乡射礼》两篇"宾进"句标点存在问题向大家揭示,说起曾与杨天宇先生讨论过,杨先生意见以"进"字绝,方师觉得该问题很有趣,同学们也可继续思考。当时自己好学如渴,对老师的指点更无一点松懈,所以课下就关注了该问题,并率意地提出"进东"属读的观点。老师建议我可尝试撰写文章,把问题揭示出来,以供学界探讨,对我自己也是很好的学术训练。受方老师鼓励,研二上学期 9 月份时文稿初步写成,此后文章略搁置了一段时间。不久,硕士学位论文开题,我把开题初稿发给老师们审阅时,顺带也把这篇习作提交给了王锷老师。王锷老师对如何撰写学术论文,如何考证与论述都给出了非常详细的意见。也正是因为二位老师对我考辨方法给予委婉指正,才促使自己发现问题,逐渐对郑玄两注相绞的观点感觉到别扭。

因为该问题并不能借助同篇和异篇的相类情境解决,要想比较有说服力地解释,只能落实在语法上,自己把《礼经》的名词、动词、方位词全部分析了一遍。经过新的梳理,意识到郑君未错,于是向郭万青师兄请教,问是否需要从头开始,师兄支持推倒重来。此后又断续成文。虽然这篇文章耗时较久,但也有三个收获与心得:一是认识到三《礼》语法的一些特点;二是切实梳理了郑注注经的体例;三是通过类似典型问题有针对性地洞悉了后世诸家都在探讨哪些问题、各自的整体特色等。这促使我在硕士学位论文开题的时候，已经对《仪礼》要籍的基本特色都有了一定的理解。到了读博士期间，在鲍有为师兄的建议下，将文章投给了《中国经学》，四个月之后，很高兴地收到专家审稿意见："文章深入经文注疏，讨论切实。涉及东行，所论甚可取。但，建议作者思考'辞降位'与'辞洗位'是否应予以分别进一步讨论。"这份审阅意见找出文章尚未明确厘定的一个概念，并建议继续修改。待返回修改稿后，我于 2016 年 6 月收到录用通知。

在方老师开设《仪礼》句读的课程上，大家跟随老师由注疏而入经典，不急不躁，徐徐推进。张尔岐这部书不枝不蔓，简约有法，很容易突出古经注的问题，这也很吸引我们的注意力。作文研究方面，自己在老师的点拨下，通过从具有典型性的小问题入手，带着问题去自己摸索，不愤不启，不悱不发，这样在困惑的痛苦中，逐渐把经典读得更熟些，也读出自己的个人心得。看似平淡的课程，却很锻炼自己沉潜注疏的能力，此后再圈点其他经典，也就用手边的中华书局影印本《十三经注疏》，字很小，然而从未有竞躁之心。

《礼经》读习完毕之后，超颖向方师请教下一步读书规划，问是否需要抄写背诵《礼经》十七篇，方师示再读《礼记》，不必再进行抄写之事。颖遂仍以阮刻本开始学习《礼记注疏》，至硕士毕业前，《礼记注疏》一字一词研读圈点两遍有余。

关于硕士学位论文，是在老师指导下，作礼义的初步探讨。对于礼义的认识，最初因为贾公彦"礼穷则同"的疏文。礼仪有等级分类，在《士冠》"中士若下士"问题上，朱丹宁同学在方师《仪礼》课上提出一些疑问，方师给大家解答后，提醒大家可继续关注，我课后翻阅注疏时，即如上述，初步以为这应该属于礼在设定时一些遵循的原则。在接续的读书中，自己便十分留意此事，待二《礼》读毕，已然择列很多条目笔记。在整个过程中，意识到这部分内容古人的研究还留有空间，便以拟定为硕士论文题目。就此与方老师谈过三次。老师一直在提醒我这个题目的难度，但仍然十分尊重我自己的意愿。老师讲，若喜欢，可以做，但这个工作有挑战，不容易做，因为有一点应该十分注意，就是要有你自己的东西。"例"的东西清人已经做了很多，你要清楚自己做的是什么，并获取自己的体会和心得。在老师的鼓励和支持下，自己就开始了这方面的研究。

论文写作过程中，遇到拿不准的问题，会向老师求助。比如，在写"礼不参"这条时，发觉清人于鬯等人对"礼不参"的理解似乎与郑玄注的本意不相合，方师答复我的理解没有错误。记得某天早上喝咖啡，我向郭万青师兄说起郑玄这条礼仪原则的理论来源问题，当时郭师兄谈过一个想法，就是礼与易的问题，郑玄说谊必本《礼记》这是一个大家熟知的议题，然即如师兄说的，它可能还与《易经》有关，我是认同师兄论断的，自己在师兄积极建议下，拿出过一段时间借助辑佚积极思考郑玄的《易》注。但当时这个问题没有解决，后来考取山东大学后，又仔细全面研读《周易注疏》，对易与礼问题的认识进一步加深，所以才有了这一篇郑注“礼不参”探源的文章。

硕士学位论文写成以后，方老师先让杨杰师姐看了一遍，师姐就几个方面谈了一些很中肯的意见，而后老师又让我把提交给各位老师。赵生群老师、王锷老师、谢秉洪老师分别就写作语言、内容定位、编辑规范等方面给出了很多切要的指导。

硕士临近毕业，我向老师请教下步继续求学深造的事宜，方老师教导我说“天涯处处有芳草，多见博闻也是学习的途径之一”，这样在老师的建议下，2014 年初夏硕士毕业，我考取了山东大学文献学专业的博士生，开始跟随王承略老师攻读博士学位。博士期间，王老师主要为我们开设了学术史、目录学、《后汉书》、《诗经》、《周易》等专题讲授和辅导。

开学制定博士生研究计划的第一次谈话，王老师给我们讲诗礼本不分家，让超颖继续从事礼学与经学的学习，或者与诗学相结合也可。总之，不必改换研究方向。在具体研究的路数上，王老师也十分认同此前硕士阶段已尝试进行的礼义探求的研究工作。

在读书学习方面，王老师嘱咐要在《毛诗注疏》上好好下功夫，这一点黄季刚先生此前有论：读《诗》疏，一可以得名物训诂，二可通文法。[①] 在这个指导精神下，博一读书重点放在《毛诗》传笺研究与比较上。因《诗经》的学习，翻阅了清代三大家的著作，并就他们在礼学上的成绩有了新的认识，陈奂、马瑞辰、胡承珙的礼学成果因未被钩稽编纂，故而容易被忽视。但他们的研究与认识却也有十分精到的地方，与三《礼》研究可相互启发。这也应该是礼学研究应该十分注意的。

博士二年级的专业读书主要有三个方面：一是《仪礼》研究要籍的再次细读，主要围绕黄以周、陈澧、曹元弼等人的论著展开；二是遵从黄季刚先生读礼当重《通典》的治学之论，系统研读《通典》以及历代《礼乐志》，仔细考虑历代礼制出现的问题与热点；三是在王老师的建议下，对《公羊传》《穀梁传》注疏进行又一次的温习思考，侧重深层次地理解《春秋》经义与三《礼》经义的关系。博士三年级在刘心明老师的启发下，重新重视礼与古代律法的问

① 参见黄季刚：《量守庐学记续编 · 量守庐讲学二记》，生活 · 读书 · 新知三联书店 2006 年版。

题，开始读古代律法方面的文献，对《九朝律考》、唐宋判词、《唐律疏义》及中国古代律法研究类著作进行了比较系统的摸底了解。

在整个读博期间，对于读书中遇见的很多小的疑点，依然比较频繁地用邮件请教老师。比如两汉礼与律的问题，方师意见是这个方面暂时难以出新，且放一放。所有撰写的有关礼的文章，方老师也给予了审阅和指导意见。如《〈左传〉与礼有关的"先"义考释》这篇文章，博士一年级郑老师为同学们开了两门课，一是诸子学，一是方法论。郑老师的课也十分有趣，会经常提问，也会分享很多治学经验。关于《左氏》杜注"先礼"，郑老师课上提问的是我，当时未有很好的回答，课后和郑老师讨论，郑老师建议写一篇小文。文章写成后，请方老师审阅，方老师给出的具体意见，如下：

1. 关于"献遗于人，必有以先之"，属于当时社会的一种礼节（后代仍有延续）没有问题，但不能概括全部，不仅献遗，还包括有求于人。《庄子·秋水》记载，庄子在濮水钓鱼，"楚王使二大夫往先焉"，没有言及带没带礼物，楚王的意图是想请庄子出任，派二大夫探探庄子的想法。献遗，据《左传》言及的五例，弦高属于事急而有所求，并非馈赠，至少是非所愿，有今日所言贿赂的性质；其他 4 例，有赏赐的，有赠送的，性质并不相同。杜预所言就他所注的例子来说，是符合的，但并非通例。估计还有不同情况。

2. 你对次序的阐述和"拱璧以先驷马"从礼的角度阐述也是对的，《老子》这里的意思是指位高权重，受人重礼聘问（朝见），不如"道"的高贵。

3. 此文可以再扩大搜索范围，阐述这种礼仪的源流和变化，可增加文章的力度和价值度。

对于我文章中认为的"'先'的准确含义是一次献遗礼仪中礼物进呈的前后，'先'不能称为是一种礼仪，且先后礼物间不存在序引与正式的关系"，老师上次又给我谈起，老师的观点是："人类行为产生礼俗，礼俗又生出礼义。'礼'与行为密不可分，行为义未必等同于礼义，但必定隐含礼义。文献记载，或是行为义，或隐含礼义，不可混而视之。"

又如，《论元敖继公〈仪礼集说〉》一文，对于敖继公《集说》的认知一方面来源于原来的提要与序跋的阅读，一方面源于在考辨诸家之说时的逐渐思考。硕士一年级时，江庆柏老师为我们开设文献学基础的课程，江老师在课上讲了很多《四库提要》的问题，我课下借着去南京图书馆看书的机会，顺带把文渊阁《四库全书》书前提要中的《仪礼》类全部圈点一遍，这个工作之后则是序跋文献的阅读。在这些文献的梳理阅读中发现《钦定义疏》用敖说，而四库馆臣撰写的《仪礼集说》提要就有言外之意，这仅是一个小的方面；更为重要的是，清人对于敖说的态度，从历代诸家礼学要著来看，既可以看出前后转变，也可以看出明暗之不同。这些问题积在心头，读博之后，关于郑注的历史接受问题越来越引起我的思考，如常讲清人尊崇郑学，仅此以“三《礼》”来看，又有多少程度在里面。这时多次与博士同门域铖谈及此事，域铖在看了我的一些简要钩稽与类分问题后，赞同我的思考，并建议还是要撰写一篇小文。文章写成以后，呈给老师批阅，老师的意见如下：

> 文章我看过，对敖继公的批评有理有据，有一些小的文字错误，见文中粉红色字体处。我觉得不足的是缺少从经学发展史的角度，对元代经学出现敖继公这样的现象进行理性分析及其原因的探究，最好开头加上一段这样的分析。

关于老师提到的敖继公问题反映的经学史的东西，当时思考不足，自己近半年来，有些新的认识和一些大胆的想法。应该说，从积极的方面讲，《集说》重视礼义的背后，确实有着时代动因，如果放置在经学史上则更加有趣。至于清代《仪礼》学的问题，此后方老师也谈过一些。老师认为，清人做了很多事情，但也添了不少麻烦，有一些作品的价值不是很大，真正顶尖的大家也不多。关于老师的这个论断，我也是非常认同的。

像这样的读书写作上的指导，以及老师和我们探讨学术问题的内容，还有很多。比如老师在邮件给我讲过写文章“写文章忌开荒，宜挖井”的指导原则。几年来，向老师请教的往来信笺，信箱显示有一百二十余件。作为初学者，我很难一时就全部明白老师们培养学生的苦心。去年毕业后，自己走上讲台，还是有很不一样的感触。教育是润物无声的事业，需要极大的耐性，不能揠苗助长，需要慢慢去引导，并请同学们真正有所学，有所思，所以今日作为一名刚入职的新老师，再审视当年方老师对于我们的教育，就更有不同的感触了。当时《仪礼》句读的课，我们大家都很认真地跟着老师的思路，心中有一个“敬”字，有一个“信”字，敬重老师和课堂，不好高骛远，不标新立异，时时把所学内容作为关注主体，也没有以完成任务的心态去提问题，所以大家都有着各自不同的收获。我想这种氛围是最为难得的。这让我想起《列子·黄帝》篇里说起的“诚之无二心”，因诚而来，凡诸位老师之教，“唯恐诚之之不至，行之之不及，不知形体之所措，利害之所存，心一而已”。

那年硕士毕业前夕小聚，方师向我们解释了为何开设《仪礼》句读一课，此前我的认识是《仪礼》是经典之一，于学极重要，然尤记得方师曰：“《仪礼》难读，得耐烦，下功夫读了《仪礼》，也就磨砺了你们读书的心性。”后读陈兰甫文稿，陈澧斥清末士子懒躁，未尝看一部注疏，“大抵随手翻检”，而一躁足以败学。其实方师开课的良苦用意,还寓有古人治学从先秦典籍入手,有顺流而下之功,也因《仪礼》研究者少,怕我们日后就教的机会不多。经年来,愈知方师苦心,而已日觉受益无穷。

从硕士到博士的这个阶段,通过方老师的讲授和辅导,我觉得老师给予青年学子的礼学研究思路指导有三个重点:第一,当重视小学。训诂不明,则经义难通。第二,由注疏入经,先吃透注疏,再循序渐进。第三,要知古今人情变迁,懂得礼义精神的现代审视。

记得《麦田守望者》里有句名言:"你千万别跟任何人谈任何事。你只要一谈起,就会想念起每一个人来。"撰写《师门学札记》让我想起很多老师和同学,老师们不辞来学,诲之不倦;同学们之间相互交流切磋的细腻故事都浮现眼前。时郭万青师兄在随园攻读博士学位,我们常于课后去和师兄交流,并向师兄请教,这也成为我读书治学路上的又一种学习形式。师兄对于治学教学,每多思考与分享,这也是嘱示我撰写这样一篇小文,或有益于初学的缘起吧。就如《追忆似水年华》所述说的,流逝的岁月,留在我们记忆的深处,一旦有了契机,它们便会以新的形式奔涌而出,并一直陪伴着我们,也许,这也是传承的温厚所在吧。

图书在版编目(CIP)数据

中文研究论集. 2019/郭万青主编. —济南:山东大学出版社,2019. 11

ISBN 978-7-5607-6518-1

Ⅰ. ①中… Ⅱ. ①郭… Ⅲ. ①汉语—文集 Ⅳ. ①H1-53

中国版本图书馆 CIP 数据核字(2019)第 267702 号

策划编辑:武迎新
责任编辑:武迎新
封面设计:张　荔

出版发行:山东大学出版社
社　址　山东省济南市山大南路 20 号
邮　编　250100
电　话　市场部(0531)88363008
经　销:新华书店
印　刷:山东新华印务有限责任公司
规　格:720 毫米×1000 毫米　1/16
11 印张　181 千字
版　次:2019 年 11 月第 1 版
印　次:2019 年 11 月第 1 次印刷
定　价:39.00 元